漫画版

儿童性教育

斐子桑 著

图匠插画 绘

北京时代华文书局

图书在版编目（CIP）数据

儿童性教育 / 斐子桑著 ; 图匠插画绘. -- 北京 :北京时代华文书局, 2024.7

ISBN 978-7-5699-5506-4

Ⅰ.①儿… Ⅱ.①斐… ②图… Ⅲ.①性教育－儿童教育－家庭教育 Ⅳ.①G479②G78

中国国家版本馆 CIP 数据核字 (2024) 第 106056 号

Ertong Xingjiaoyu

出 版 人：陈 涛
选题策划：王 生
责任编辑：邢秋玥
责任校对：陈冬梅
装帧设计：末末美书
责任印制：刘 银

出版发行：北京时代华文书局 http://www.bjsdsj.com.cn
北京市东城区安定门外大街 138 号皇城国际大厦 A 座 8 层
邮编：100011 电话：010－64263661 64261528
印 刷：三河市祥达印刷包装有限公司 电话：0316-3656589
开 本：710 mm×1000 mm 1/16 成品尺寸：165 mm×235 mm
印 张：11 字 数：130 千字
版 次：2024 年 7 月第 1 版 印 次：2024 年 7 月第 1 次印刷
定 价：48.00 元

目录
Contents

Part 1 帮助孩子认识自己

Part 2 儿童性教育

Part 3　学会珍爱自己的身体与健康

Part 4　教孩子懂得保护自己

Part 5 正视孩子的心理发展

Part 6 孩子一生中最重要的课

Part 1

帮助孩子认识自己

我是谁？

从认识自己、了解自己，到无条件地接纳自己、爱自己，这个过程需要每个人用一生的时间去实践。

“认识自己”是孩子人生道路开始的第一步。

爸爸妈妈可能都对孩子婴儿时期的一些事记忆深刻。比如，孩子有时候会用力抓自己的头发，抓疼了就开始大哭，但就是不松手，而且越觉得疼，抓着头发的小手越用力，哭得越大声；孩子努力咬自己的手脚，痛得哇哇大哭也不松口。

这些“蠢萌”的表现其实是因为孩子的自我认知还没有开始发展。这个时候，他们无法将自己和周围的事物区分开，甚至不会把头发、手、脚当作自己身体的一部分。

♂♀ 我与他人是不同的

一般来说，八九个月大的婴儿已经有了初步的自我认知。这个阶段他们开始认识“主体自我”，懵懂地了解到自己是活动的主体，在照镜子时会试探地做动作。

1 岁以后，幼儿会更清楚地认识到自己和外界是不一样的，主体自我得到迅速发展。

当孩子出生 15 个月后，幼儿的“客体自我”开始发展，逐渐认识到自己独特的主体特征。比如，心理学中著名的“点红鼻子实验”：实验者在幼儿鼻子上画一个无刺激的红点，并让他们照镜子。此时，主客体分化更好，能够认识到“我”的概念的幼儿就会意识到自己的鼻子上被点了红点，而不是镜子里的小朋友的鼻子上被点了红点。他会主动伸手触摸自己的鼻子，试图触碰或擦掉红点，证明幼儿开始出现了自我概念，但这一时期的自我概念大多停留在表象阶段，只能够在外观上认出自己，并区别自己与他人。

18 个月左右的幼儿能够用语言区分自己和其他人，用自己的名字或“宝宝”等称谓指代自己，甚至能认识自己的照片。由于个体差异，这个过程或早或晚，一般在 2 ~ 3 岁左右，孩子便能区分“你我他”

的含义。

当“我”这个词从孩子口中说出时，就意味着他们的自我意识开始萌芽，他们已经能完全区分自己和外界，迈出了人生的第一步。

在这几个阶段，爸爸妈妈需要鼓励和引导孩子。比如在孩子对着镜子摆动身体的时候夸夸他，对他说“宝贝真棒”。爸爸妈妈积极的情绪回馈会让孩子更有信心。

我的内部世界逐渐有了雏形

3岁左右，孩子对这个世界的认知不再局限于“我”和外界，他们逐渐对自己的心理感受有了意识。

4岁以后，这种意识更加明确，他们能清楚地意识到自己的情感、语言和行为动作，但这一阶段的认识还比较简单，只能意识到心理活动的结果，但不清楚心理活动的过程。

不仅如此，4岁以后，孩子的自我情绪体验也开始发生变化。与“喝不到奶就哭”“吃饱了就笑”“找不到爸爸妈妈就哭”这种生理需要相关的简单情绪体验不同，他们开始出现更复杂的社会性情绪体验，比如“尿了裤子被人看到会羞愧”“被人冤枉了会感到委屈”“被人嘲笑会伤自尊”等。

与社会性情绪体验发展相对应的阶段大概是4～7岁，这一时期儿童对“我”的认识受外界影响非常大，他们非常容易听信成人的评价。

当他出于好奇做了某件事情，忽然过来一个成年人告诉他“你这样不对，你是坏孩子”时，他会感到羞愧，从此心中对这类事情设置一个警铃。

我们可以据此假设一些情境，比如爸爸妈妈在孩子第一次在墙上涂鸦的时候马上制止，然后给孩子一张大大的画纸，告诉他“好孩子不可以在墙上画画，但可以画在纸上保存起来”，并且给他准备好画纸，放在他能拿到的地方，下次他想画画的时候就会主动去找画纸了，这时再去夸他是好孩子，给他一些正向鼓励，好习惯就可以成

功保留下来了。

但这个情景还有其他的可能，比如，爸爸妈妈大喊大叫跑过去，骂孩子是坏小孩，之后给孩子两巴掌，把孩子关禁闭作为惩罚；或者扯着孩子的衣领，嘲讽孩子说："好好的墙被你画得这么丑，你看看你干的好事！"下次再有画画的想法时，孩子就会感到畏缩。

有时候并不是孩子没有主见、没有自我，太过软弱，做什么都没有天赋，而是家长错误的教育方式泯灭了孩子的热情，降低了孩子的自我评价，"我"不认可"我"，"我"又怎么能积极主动地去面对事情呢？

♂♀ 如果可以，请多夸夸我

对孩子而言，每天每时每刻都是新的，等着他们去探索。

作为家长，我们把控不了孩子未来每一步的走向，但是我们可以把自己稳定的情绪、积极的评价送给孩子。

在 7 岁之前的关键期内，我们肯定孩子，孩子才会自我肯定。培养孩子，帮孩子塑造一个坚强、乐观、勇敢的"我"，就是给孩子最好的爱。

我的身体

——帮助孩子了解自己的身体

虽然儿童与成人的身体比例存在一定的差异，但是爸爸妈妈可以大手牵小手，通过活动带领孩子更加深入地了解身体的各个部分，锻炼身体的协调能力，避免感觉统合失调。

在活动中探索身体

3～6岁的幼儿可以在成人的带领下适度运动。这一时期，孩子的骨骼硬度小、弹性大，可塑性较强，此时进行舞蹈、武术、形体等项目的基本功训练是非常合适的。但这时孩子的肌肉发育尚不完善，肌肉力量差，不适合进行强度较高的力量型运动。此外，孩子的心肺功能相较于成年人也更差一些，运动量不宜过大，运动过程中如果孩子感到不舒服应立刻停止。

日常生活中，我们可以带领孩子做一些有氧运动。比如早起慢跑，既可以养成健康的作息规律，又能锻炼孩子的耐力、意志力。

随着孩子身高、体重的增长，肌肉的发育，大肌肉动作，比如跑、跳等也会做得越发流畅。爸爸妈妈可以根据孩子的身高、体重和运动能力，带孩子适当进行跳绳、踢毽子、丢沙包等室外活动。不要让孩子做无菌温室里的花朵，多带他们接触大自然，和其他孩子一起参与更多的团体活动，这不仅能锻炼孩子的身体，还能锻炼孩子的社交能力。

6 ~ 12 岁期间，孩子的骨骼、肌肉、心肺功能随年龄增长发展得越来越完善，但与成人仍有一定的差距，尚未完全发育成熟。孩子的各种运动能力稳步发展，虽然男孩和女孩在身高、体重上差异不大，但是在运动能力上已经表现出了明显的分化。

一般来说，男孩的身体力量（尤其是腿部力量）、跳跃能力要优

于女孩；女孩的平衡性、灵活性、运动节律要优于男孩。在这一时期，爸爸妈妈可以根据孩子的运动特质和身体发育情况选择适合孩子的运动，比如跳高、跳远这类运动更适合男孩，轮滑、瑜伽这类考验平衡性、灵活性的运动更适合女孩。

当然，爸爸妈妈也要注意规律是一般性的，不同的孩子有不同的个性化特质：有的男孩天生平衡性更好，更喜欢跳舞；有的女孩腿部力量更强，更适合武术等项目。

具体选择什么运动项目要考虑孩子的身体情况和兴趣爱好，不能一概而论，更不能对孩子说“哪有男孩喜欢跳舞的”“谁家小女孩天天练武嘭嘭哈嘿的”之类的话，以免挫伤孩子的自尊心。

♂♀ 锻炼孩子的精细化动作

除了坐、爬、跑、跳之类的大动作外，精细化动作的锻炼也必不可少。

通常来说，3 岁幼儿已经可以画一些简单的图案，比如方块、圆圈等，这一时期可以带孩子玩七巧板，锻炼他们拼凑图形的能力。

4 岁幼儿可以折纸，画一些简笔人像，比如很多孩子经常画三个简单的人，并称其为“爸爸、妈妈和我”。这一时期不要以成年人的视角嘲笑孩子画得不好看，多鼓励才能让孩子更有信心。

5 岁幼儿的精细化动作能力进一步发展，可以独立完成如系扣子、使用筷子等动作。

6岁以后，孩子的手部小肌肉更加灵活，动作也更加精确。大多数精细化动作他们都可以顺利完成。

爸爸妈妈可以带领孩子一起堆积木、折纸、玩橡皮泥、捏陶等，在游戏过程中让孩子不断重复抓、握、撕、挖、拧、刮等手部动作。家长可以在这个过程中观察孩子的精细化动作从简单逐渐发展到复杂的情况。

做这些活动时一定要注意安全，防止孩子吞咽积木、橡皮泥等玩具材料。

七巧板

千纸鹤

橡皮泥

不要对孩子过度保护

爸爸妈妈给孩子选择幼儿园时，可能听过这样一个词——感统训练。“感统”其实是“感觉统合”的简称。“感觉”帮助我们接触、感知外界事物，感统训练能让孩子的视、听、触等感觉得到更好的发展，大脑与身体更协调。

感统失调的孩子会出现好动不安、阅读计算困难、丢三落四、动作不协调，以及性格自卑退缩、孤僻暴躁等情况，对其学习、生活等都会产生消极影响。感统失调的诱因除了先天因素外，另一个重要原因是爸爸妈妈后天的过度保护。

很多爸爸妈妈害怕孩子受伤，担心孩子摔倒，整日提心吊胆地保护这个小生命。爸爸妈妈过度的保护确实会让孩子免受很多伤害，但是它也像一个保护罩，严格地限制了孩子与事物的接触，甚至可能给孩子造成精神伤害。

作为家长，我们应该学会放手让孩子自己探索世界，孩子摔倒了、流血了，就勉励孩子擦擦眼泪、包扎好伤口继续玩耍。在保证安全的情况下，要给孩子一些支配自己身体的自主权。

性别意识
——你是男孩，我是女孩

幼儿性别概念的发展

孩子在很小的时候就会产生关于性别的概念，在 2 ~ 3 岁期间，孩子会产生性别认同，对不同的性别建立起比较模糊的判断标准。

这种性别认同很容易受文化、环境、抚养者的影响发生变化，而且更偏向于特征化标准。比如，看到长头发的人，孩子就会认为这个人是女性；看到非常高大的人，孩子就会认为这个人是男性。

这些标准是由在社会环境塑造下，社会成员普遍认可的适合男性或女性的特征、行为方式等决定的。

社会标准下的标准男性和女性是什么样的，孩子眼中的男性和女性就是什么样的。

4 ~ 5 岁后，孩子的性别观念趋于稳定。在这一阶段，孩子对于男女两种性别角色的判断标准是比较严格的。比如，看到男孩玩芭比娃娃，他们会认为这是不可以的，男孩不可以做他们认为应该是女孩做的事情，甚至会批评、孤立这个违反他们性别角色认知的小孩，认为他不是一个“合格”的男孩。

这时，他们与同性小朋友玩耍时更喜欢做与自己性别相一致的活动，在与异性小朋友玩耍时则更喜欢进行不具有性别特征的活动。此外，在与异性小朋友玩耍的过程中，他们更喜欢以性别来进行分组。

他们对性别判断严格的同时，也会寻求同性群体认同，对异性活动表现出羞怯。

等到6岁以后，孩子对于性别概念就具有了恒常性。在已有的基础上，他们对于男孩女孩的判断标准会逐渐深入、丰富。就像一棵树，主体已经扎根了，开始不断长出树叶丰富自己。树叶虽多，但远不及主干重要，如果根扎歪了，树就很难长直。

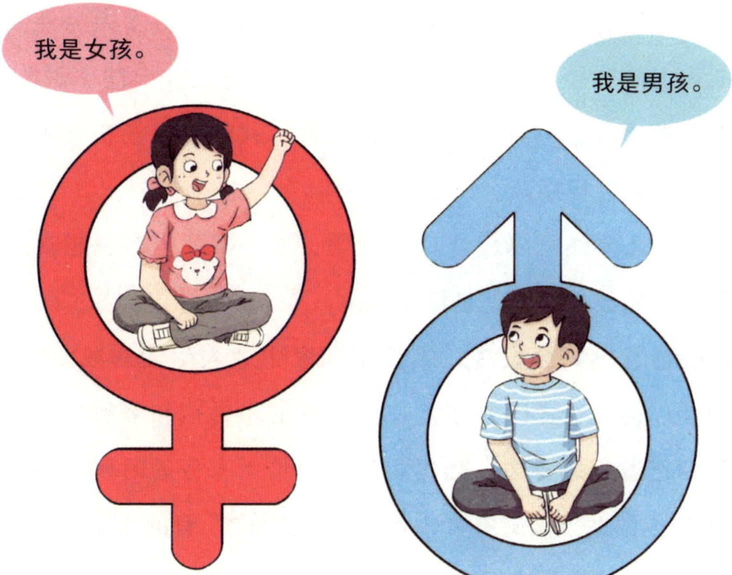

抓住关键期，培养孩子的性别观念

作为家长，我们应该牢牢抓住6岁之前这个性别概念形成的关键期。

我们可以不干预孩子的性别认知发展，但一定要教会孩子尊重他人性别，不能因为自身性别的某些优势而贬低另一种性别，更不能在行动上欺负他人。

比如有的小男孩凭借体力优势在班级劳动中表现很好，而有些女孩力气小，这时他可能会说："你们女孩就是娇气包，矫情！"又比如，有些女孩学习成绩好，而有些男孩更顽皮，学习成绩差一些，这时她可能会嘲讽："你们男孩就是头脑简单、四肢发达，笨死啦！"

我们应该矫正孩子的错误认知，让他们明白男女因为性别产生一些能力上的差异是正常的，我们总有一些方面比异性小朋友更强，但也有一些方面没有异性小朋友做得好。我们应该扬长补短，互相帮助，而不是互相嘲讽、伤害。

此外，还要注意隔代抚育的问题，老一辈的很多思想观念会潜移默化地影响孩子，尤其是性别观念。

有些爸爸妈妈会发现，当孩子和家中老人生活一段时间之后，就变得和以前完全不一样了。比如，有的小男孩和爷爷奶奶生活久了再回到爸爸妈妈身边，当妈妈让他帮忙干家务的时候，他可能会说："这是你们女孩做的事呀，我为什么要做？"有的小女孩被祖辈骄纵久了再回到父母身边以后，也会变得更加自我、任性，甚至有了"公

主病”。

当这些思想在他们幼小的心灵里扎根后，再想纠正过来可谓难上加难。

爸爸妈妈应该引导孩子，告知他性别并不是给男性或女性一个固定分工的理由，不是说男性强壮就必须做更多的劳动，女性更感性就一定学不好数学。

我们有必要让孩子明白，性别并不影响我们长成一个善良正直、乐于助人、自立自强、乐观礼貌的孩子。

我的爸爸妈妈

家是孩子成长的港湾，在孩子人生的前十几年中，爸爸妈妈无疑是与他相处时间最长、联系最紧密、感情最深厚的人。

爸爸妈妈对于孩子来说，一个是同性家长、一个是异性家长，同时两位家长也是孩子眼中的同性榜样和异性榜样。

我们先从异性榜样开始，谈谈著名心理学家弗洛伊德提出的厄勒克特拉情结和俄狄浦斯情结。

女孩的恋父情结

厄勒克特拉情结即恋父情结。这并非畸形的情感，而是每个女孩都会经历的一个阶段。

在 3 ~ 6 岁这一阶段，女孩会更亲近父亲，对母亲表现出更多的反抗情绪。这一时期，孩子开始好奇自身的性器官，她可以感觉到父母之间的关系和自己与父母之间的关系是不同的，也开始追问“我从哪里来”这一经典问题。

虽然身体发育尚未成熟，但是女孩能清楚认知到自己的身体器官与母亲是一样的，与父亲是不同的。

这种不同加上社会文化环境对父亲角色的定位标准，以及父亲在家庭中的地位，高大威猛的异性滤镜会让女孩更加迷恋父亲，甚至产生与母亲竞争的想法。但这并不是说女孩讨厌母亲，或者“女儿是爸爸的情人”。

面对这种情况，妈妈应该积极参与家庭活动，表现出自己强大的一面，让女儿感觉到“我需要妈妈”。

在家庭教育中，可能会出现这种情况：女儿黏着爸爸，妈妈干脆当起了“甩手掌柜”，认为既然女儿那么喜欢爸爸，那以后她有什么事就都让爸爸管。这种教育孩子的方式非常不利于孩子性观念的养成，更不利于家庭内部的和谐。

此外，爸爸也应该在家庭生活中更多地表现出自己对妻子的爱，不要让孩子觉得“只要我撒娇、哭一哭就能得到爸爸，爸爸就会讨厌妈妈”。

男孩的恋母情结

俄狄浦斯情结即恋母情结。男孩的恋母情结和女孩的恋父情结类似，都发生在 3 ~ 6 岁性器期。此时，他们会对同性、异性产生好奇。幼儿园里有些小朋友甚至会在彼此允许的情况下，触摸对方的性器官，好奇对方和自己有什么不同。

男孩的恋母情结与女孩的恋父情结有所不同。

父亲是男孩的同性榜样，在敬仰的同时，强大的父亲也是男孩心中的威胁，因此，出于竞争和寻求保护的目的，男孩会更亲近母亲。

爸爸妈妈需要妥善处理男孩的恋母情结，否则孩子长大后可能会非常依赖妈妈，缺乏主见。

一方面，妈妈不能无条件地为儿子包揽所有的事情，更不能在照顾孩子时带有过强的控制欲；另一方面，爸爸也要适当地表现出温柔的一面，与儿子拉近关系，陪伴孩子平稳度过性器期。

做好孩子的榜样

作为同性孩子的榜样时，爸爸妈妈应努力展现自己美好的品质，比如温柔体贴、宽容理解、情绪稳定等。无论男孩还是女孩，这些美好的品质都是他们所需要的，短期之内能影响他们成为家里的贴心小宝贝，长期来看，这些品质对他们未来建立自己的家庭、与爱人相处、培养下一代都是非常有益的。

父母与孩子之间品德的传承远比物质的传承更为重要。

作为异性孩子的榜样时，父母要注意，给孩子的爱要适度，避免让孩子对某一方家长过度依赖。

我们可以展现给孩子异性的优点，但不能让这些优点将同性家长的长处完全遮掩掉，更不能表现出对另一位家长的轻视。

比如，有些家庭中爸爸在外上班，妈妈在家中照顾老人、孩子，爸爸和老人如果总是对妈妈的家庭劳动表现出轻视、无所谓的态度，那孩子也会轻视妈妈，亲近看起来“无所不能”的爸爸。

在这种家庭中，女孩的恋父情结可能会更为强烈。如果将这个例子中爸爸妈妈的角色对换，男孩的恋母情结也会表现得更强烈。

所以，在一个家庭中，爸爸妈妈除了要给孩子做行为、品德榜样以外，还要记住一点：爸爸爱妈妈，妈妈爱爸爸，不能完全以孩子为家庭中心。父母之间的关系越正常，孩子的身心发展才会越健康。

帮孩子建立身体界限意识

确定自己的身体界限

孩子开始进入集体生活时，爸爸妈妈就应该帮助孩子树立边界意识。对于心理发展尚不成熟的儿童来说，他们的分辨能力不足，道德判断标准也不够完善，很容易在诱骗、恐吓下忘记保护自己。

帮助孩子树立身体边界意识无疑是非常重要的。

爸爸妈妈可以先从身边的各种事物入手，使孩子明白“界限”这一概念，询问孩子：“你观察到的一些界线都出现在哪里？”比如，商场自动扶梯梯级上的黄色边界线，修路时工人叔叔在周围拉起的警戒线，桌子、椅子、床等各种物体的边界……我们需要让孩子明白，一旦超过界限，就可能让大人担心，甚至可能让孩子自己受伤。

之后可以引导孩子“由物及人”，告诉孩子，人的边界也是一样的。我们每个人都有自己的界限，这是我们的保护罩，一旦有人要戳破我们的保护罩，我们就会感到不舒服。那些越界破坏我们保护罩的人的行为是不对的。

最后，我们可以在互动中让孩子体会身体的各个部分，使孩子明确哪里是绝对的禁区，哪里是亲近的人在获得自己的许可后才能触碰的，哪里是日常活动中他人可以触碰的。

我们可以用衣服来举例：裸露在外层衣物之外的身体部分是日常生活中可以被触碰的，比如手、脚、胳膊等；在贴身穿的小衣服覆盖范围外，同时又在外层衣物覆盖内的身体部分，是爸爸妈妈等亲近的人在获得同意后可以触碰的，比如大腿根部、肚子等；而被贴身的小背心、小短裤盖住的地方，就是身体的禁区，如果有人触碰身体禁区，无论那个人是亲戚、邻居、老师，还是其他人，无论这种触碰是否令你感到疼痛，都要及时告诉爸爸妈妈。

帮助孩子树立正确的思想意识

由于孩子缺乏独立思考和判断的能力，因此，在一些特定情况下，孩子很容易被人诱骗、恐吓。

比如，在一些猥亵儿童的案例中，有人会哄骗孩子说："我这样做是因为我喜欢你呀，这是我们之间的秘密。如果你告诉爸爸妈妈了，你就是不守秘密的坏小孩！"

在孩子的认知中，变成坏小孩是一件非常可怕的事情，老师不喜欢坏小孩，好朋友也不会和坏小孩玩，就连爸爸妈妈也常常会说："你要是做了坏事就是坏孩子，爸爸妈妈就不喜欢你了！"

在两难的情况下，孩子会对"被触摸"和"变成坏小孩"这两种结果进行比较，与变成坏小孩的可怕后果相比，孩子可能会不敢向爸爸妈妈讲述自己的遭遇。

所以爸爸妈妈应该教孩子的第一件事就是：你的身体和你的感受是第一位的，要优先保护自己不受伤害，只要做到这点，就是最棒的宝贝，任何事情都没有自己的身体重要。

孩子的判断很容易受外界干扰，但是父母告诉他的最重要的事情，是不会轻易被他人改变的。有了这个防护优先级，孩子在遇到类似事情时会更愿意去找爸爸妈妈倾诉，爸爸妈妈也就能及时处理孩子遇到的问题了。

♂♀ 尊重他人的身体界限

除了让孩子学会保护自己，我们也要教会孩子尊重他人的身体界限。比如，有些小朋友不喜欢被摸头，有些小朋友不喜欢别人碰他的肩膀，有些小朋友不喜欢别人触碰他的脖子……

除了公认的身体禁区以外，很多人都有自己独特的“禁区”。也许在其他人眼中触碰一下无所谓，但是对有的人来说，这种触碰会令人不适。如果一个人明知道对方不喜欢还非要去触碰，那无疑是一种极大的冒犯，是非常不尊重人的行为。

这些独特的“禁区”和大家都有的“身体禁区”是一样的，都是不可触碰的部位，触碰会令对方感到非常不舒服。作为家长，我们应该告诉孩子，在日常生活中要严格避开公认禁区，也要避免触碰

个人禁区，要尊重每个小朋友。如果不小心触碰到别人独特的禁区，要及时道歉，不能以此嘲笑他人，或者用有色眼镜看待他人的禁区。只有互相尊重，才能和大家友好相处。

小游戏

照片总动员

找出家庭相册，带着孩子玩看图说话游戏。如果身边没有照片，也可以用一些画着身体部位的卡通图片或画有人、物、风景等的图片代替。

随机抽取某张照片或图片。如果上面有人像、物体，或某一处景物，可以问孩子认不认识、这是谁（这是什么、这是哪里）、是男生还是女生。

如果是孩子认识的人，可以继续问孩子最近和对方一起做过什么事情。如果抽中了身体部位，比如手，可以问孩子：手这个部位有什么功能，陌生人可以和你握手吗？

通过游戏，可以帮助孩子区分自己和他人、区分人和物、辨别男女性别，还可以了解孩子和别人一起玩时是否受到过伤害。

对于年龄较大的孩子，可以找一些趣味性、故事性较强的图片，让他一次性抽取三张照片，然后看图编故事。

孩子编的故事中往往包含着他最近经历的事情，能帮助爸爸妈妈及时发现孩子遇到了什么问题。

需要注意的是，在游戏过程中要及时给予孩子正向反馈，或者对一些细节进行夸赞。孩子表现出色的话，可以根据孩子的喜好给予小奖励。

Part 2

儿童性教育

什么是身体自主权？

自己是身体的主人

所谓身体自主权，是指我们的身体由自己掌控，我们可以自主支配身体。比如，谁想要抱我、触摸我，需要经过我的允许；在我觉得不舒服的时候，我可以明确拒绝他人的接近。

我是自己身体的主人，任何人都没有权利冒犯我的身体。哪怕是牵手之类在社交活动中常用的举动，在我不允许的时候也是不可以的。

在这里有一个孩子很容易混淆的概念。前面我们提到过，要告诉孩子哪些部位是比较隐私的，哪些部位是日常交流时他人可以触摸的。我们需要让孩子明白，“可以触摸”不代表对方可以违反我的意愿来触摸我。

以牵手为例，要先经过我的允许，别人才可以触碰我，而不是说这是一个社交常用动作，别人就可以随便牵我的手。

我们还应该教会孩子分辨什么是“我的意愿”。假如一个人的触摸令我感觉不舒服，或者感觉很奇怪，觉得不应该这样，这个时候就应该行使自己的身体自主权，告诉对方“我不喜欢你这样做”“你

让我感觉不舒服”“请你不要碰我”。

值得注意的是，身体自主权的主体是孩子自己，而不是任何一位家长。有些爸爸妈妈觉得孩子表示抗拒是不懂事，不明白长辈的抚摸是对他表示关爱，觉得孩子的抗拒是任性、胡闹，会伤了大人之间的和气。这种想法是非常不可取的。这些爸爸妈妈会这样认为，本质上是没有把孩子当成一个拥有独立人格的人，是极其不尊重孩子的表现。

舒服与否是个人的主观感受，不同的抚摸动作会带给人不一样的感觉，孩子觉得不对劲，想马上逃离是非常正确的举动。

无论对方有没有恶意，孩子小心保护自己总是没错的。爸爸妈妈如果执着于和气、面子这些虚无的东西，并因此训斥孩子，那孩子以后面对大人的伤害可能会不敢反抗，甚至不敢向爸爸妈妈寻求帮助，这无疑会把孩子置于险境。

♂♀ 不要觉得孩子小就什么都不懂

一些爸爸妈妈认为孩子年纪小，对很多事情还不了解，于是干脆帮孩子做决定。比如有些爸爸妈妈会按照自己的喜好去装扮孩子，而不顾孩子的意愿。这种做法非常不利于孩子健康成长。

也有一些爸爸妈妈觉得，年长的人爱抚孩子是非常合理的行为，孩子还小，被人抱在怀里也是很正常的，不会发生什么坏事。但是恶人并不会因为孩子年龄小就不侵害孩子，相反，大多数儿童受伤害的案例都是熟人作案。我们站在成年人的视角很难分辨他人的爱抚当中是否隐藏其他东西，孩子虽然小，但是人类天生就有保护自己的本能，所以在遇到孩子不喜欢和某个人相处的情况时，要优先相信自己的孩子。

除了成年人，我们对其他孩子也要保持警惕心。有些爸爸妈妈可能觉得某个小孩学习成绩特别好，或者某个小孩在某些特长方面有非常优秀的成绩，所以希望自己的孩子多和这样的小孩相处。爸爸妈妈希望自己的孩子近朱者赤，当然无可厚非，但是也要尊重孩子的意愿。如果孩子明确地表现出不喜欢，那他可能在与这些孩子相处的过程中遇到了某些问题。

如果遇到这类情况，爸爸妈妈可以询问孩子发生了什么，或者在他们下次一起玩时偷偷观察。即使暂时没有发现什么问题，也不要对孩子说“你还小，你什么都不懂，他学习那么好，怎么会伤害你呢？”这类的话。

虽然孩子年纪小，很多东西他们描述不出来，但是他们能感受到来自爸爸妈妈的轻视，这种心理上的伤害比身体上的伤害对孩子造成的影响更大。

什么是性教育？

性教育涉及生理、认知、情感等多个层面，需要家庭、学校、社会三方共同努力，对未成年人进行专门的性生理知识、性心理卫生知识、性道德、性犯罪预防等教育。

作为家长，我们把握着性教育的第一关。家庭性教育对孩子而言是非常重要的，在对孩子进行性教育时，应当注意使用恰当的方法。

遮遮掩掩不可取

基于传统的文化观念，有些爸爸妈妈在家中可谓“谈性色变”，拒绝与孩子谈论跟性相关的内容。还有的家长选择向孩子灌输“性是羞耻的、低俗的”的观念。这类态度对孩子的成长是非常不利的。当孩子进入青春期时，自然会对性产生好奇，这是人类的“动物”天性使然。

在人从青涩走向成熟这一过程中，性器官会快速发育，身体的很多部位都会产生一系列生理变化。渐渐地，女孩开始有月经，男孩可能会梦遗，这都是很正常的生理现象。

这些变化象征着女孩和男孩逐渐成长为成熟的女人和男人，有了生育下一代的能力。

如果爸爸妈妈在孩子小的时候告诉他们性是可耻的、性不是好孩子讨论的问题，那孩子在长大以后可能需要面对很多问题，因为他们的性观念、恋爱关系、性生活、夫妻关系大概率是畸形的。

我们对孩子进行的性教育，会深深影响他们未来的亲密关系，所以在这方面不能避而不谈，更不能谈之色变，给孩子造成负面影响。

家庭性教育往往始于一个问题——我从哪里来？

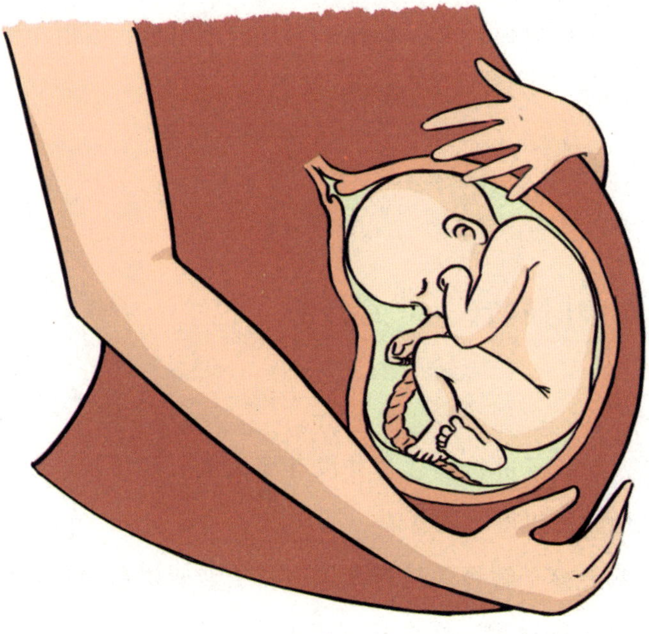

有些爸爸妈妈会编造各种各样的谎话，告诉孩子，他是从垃圾桶里捡来的，是从公园长椅上捡来的，像孙悟空一样从石头里蹦出来的……

这种遮遮掩掩的解释会让孩子很没有安全感，甚至可能让孩子产生生存危机。

我们可以先从情感层面解释，告诉孩子：因为爸爸爱妈妈，妈妈爱爸爸，所以才有了你，你是爸爸妈妈爱的结晶。然后再从生理层面解释：我们每个人都有被小衣服、小裤子遮住的隐私部位，这些部位只有长大以后遇到一个很爱很爱你的人才可以让其触碰。当一个男人和一个女人非常爱彼此、非常亲密的时候，隐私部位接触得很近很近，女人就会怀孕，怀孕就会生宝宝。

在妈妈的肚子里有一个叫作子宫的小房间，妈妈怀孕时宝宝就在这个小房间里慢慢长大，直到十个月后才出生，所以宝宝是从妈妈肚子里来的。

♂♀ 因时制宜，讲究方法

其实，对孩子进行性教育并没有那么羞耻和可怕，很多时候是成年人把性教育想得太过复杂。

在对低龄孩子解释他从何处来时，爸爸妈妈甚至可以避开生理名词去描述这个过程，结合其理解水平进行性教育讲解。比如，在教孩子认识身体器官时，可以用小花、小鸡等来代指，也可以让同性家长在给孩子洗澡时向其讲解性器官。

对于较高年级的孩子，可以向他们详细解释男性和女性的身体构造，科学地讲述受精到生育这一系列过程。我们以科学的态度向孩子讲授性知识，孩子自然也会认真学习，对性知识有正确了解。

至于爸爸妈妈担心的“孩子在了解这些之后会不会对性更好奇，进而犯下错误”，则更多地取决于我们对孩子的教导。

父母需要给孩子树立良好的亲密关系榜样，还要给孩子传达正确对待异性的态度。

如果父母能做到认真对待亲密关系、尊重异性，孩子的性道德也会正向发展。

另一方面，孩子往往有叛逆心理，父母遮遮掩掩的神秘态度比开诚布公的交谈更吸引孩子，会让孩子更想去挖掘“性”背后的秘密。

帮助孩子树立正确的性观念

真诚解释孩子的生理变化

在帮助孩子树立正确的性观念之前，爸爸妈妈首先要纠正自己对性的认识。在一些父母眼中，“性”等于“淫秽色情”，这是对性的一种贬低和偏见。

性器官是每个人都具有的生理特征，性需求是每个成年人都有的正当需要，这并不违反道德，更不是下流的。爸爸妈妈在对孩子讲解的时候，应当保持真诚、理性的态度。

当青春期的孩子因为身体性征发育而产生慌乱情绪时，我们作为家长，应该科学引导和讲解，打消他们心中的恐慌。

青春期的男孩会长出胡须，进入变声期后，声音会变得更加低沉，骨骼发育得更大，身高增长迅速，同时性器官变化也很明显，阴囊和阴茎增大，开始长阴毛，体内雄性激素分泌旺盛，脸上会长青春痘，偶尔还会出现梦遗的情况。青春期的女孩也会进入变声期，声音变得尖细，身高和体重也会相应地增加。在性征方面，女孩的乳房明显发育，阴毛开始生长，雌性激素分泌旺盛，脸上也开始长青春痘，并迎来月经初潮。

不同的孩子，身体情况各有不同，青春期到来的时间也会有早晚差异。就女孩而言，有的孩子身体发育较快，就会比较早地进入青春期，11 岁左右就开始有月经；有的孩子身体发育较慢、身体素质较差，就可能会晚一些，在 15 岁左右才开始有月经。

我们作为家长应当早做准备，在孩子 9 岁左右就应该告诉他们必要的生理知识，特别是进入青春期后身体会发生一些变化，而这些变化都是正常的。比如，男孩的遗精不是“尿床”，不必感到羞耻；女孩月经流血是正常的生理现象，不是受伤了，更不是得了什么疾病，无须感到害怕。

此外，妈妈可以提早教会女孩如何使用卫生巾，也可以进一步告诉孩子：在学校或其他地方来了月经该如何处理；如果有别人拿这件事取笑自己该怎么办等。

早些告诉孩子，可以让孩子有心理准备，免得他们突然遭遇未知情况而手足无措。

♂♀ 从小就让孩子明确男女有别

即使在孩子比较小的时候，家中也要有明确的性别区分。

首先，当孩子能够自己独立睡觉时，家长就可以尝试和孩子分床睡，不要让孩子夹在大人中间。

其次，最好不与孩子共浴。如果孩子不能独立洗澡，可以让同性家长去帮助他。如果需要带孩子进入公共澡堂，最好由同性家长陪同。

再次，爸爸妈妈要注意与孩子避嫌。比如换衣服、进卫生间时，要避开孩子，关好卫生间的门，不要在孩子面前裸露身体。

如果孩子在家中习惯了不避嫌，觉得大家都是亲人，没有必要注意男女之别，那么孩子在进入集体生活时，男女有别的意识也会相对淡薄，可能会对他人造成困扰，严重的甚至有可能给自己带来麻烦。因此，爸爸妈妈应该尽早在家中对孩子进行性别意识教育。

培养积极的关系认知

如今，随着互联网的高速发展，许多孩子早早就接触了大量信息，对恋爱关系、婚姻关系、性关系也早早就有了相应的了解。

有的孩子对于恋爱、婚姻的看法会让大人觉得震惊，甚至觉得他们“年纪轻轻，看破红尘”。“看得通透”并不是一件坏事，但是作为家长，爸爸妈妈还是应该给孩子正面的引导，让孩子不要太过悲观地看待两性关系。

比如，当孩子看到关于婚姻的负面新闻时，爸爸妈妈可以积极地引导孩子，告诉他婚姻不是枷锁，如果双方感到痛苦，但又无力改变，那么分开也是明智的选择。不能因为某些人的婚姻不幸福，就觉得世界上所有的婚姻都是糟糕的。

我们既要教会孩子警惕那些怀有恶意的人，也要让孩子学会展望属于自己的美好未来。

怎样识别自己的性身份？

儿童会在3岁左右明确自己的性别，也就是说孩子在很小的时候就会知道自己是男性还是女性，这是随着他的认知发展自然而然得出的判断结果。对性身份的认知一旦确认，就很难通过外力进行改变。

由于幼儿在3岁以前认知发展尚不完善，对家庭具有极强的依赖性，会不由自主地模仿、学习爸爸妈妈的行为，所以爸爸妈妈对

孩子的性别认知塑造具有很大影响。

作为家长，我们应该时刻注意自己在家中的行为表现，避免给孩子做出负面引导。比如，有些小男孩的行为举止表现得像一个成熟的男性，有些小男孩则偏向于安静内敛，喜欢美的事物，这些表现往往都与家庭有关。

在家庭中，如果男性成员更多、掌握更多话语权、与孩子相处时间更长的话，小男孩可能就会模仿他们，表现得更成熟；如果女性成员更多、与孩子相处时间更长，且家庭地位较为弱势的话，小男孩可能就会偏向习得温柔内敛等女性特质。

不同的家庭环境会对孩子的性格产生不同的影响，可能会让孩子变得比较大男子主义、轻视异性，也可能会让孩子变得比较安静、更加感性，但不会在大方向上影响孩子对自身的性别认知，孩子依然能够明确地知道自己是男孩还是女孩。

♂♀ 影响孩子性身份认知的危险行为

以下两种行为对于孩子的性身份认知比较危险。

第一个危险行为是把男孩打扮成女孩的模样。有些爸爸妈妈觉得孩子还小，把他打扮成女孩，穿穿裙子没什么。有些家长不但给男孩穿裙子，还会围成一圈夸赞他漂亮，甚至拍照留念。这种行为会对男孩产生非常大的伤害。当孩子习惯了穿裙子，适应了自己的“女性特征”，在与其他同性小朋友一起玩时，可能就会产生抗拒心理，认为别的男孩不讲卫生、不漂亮、讨人厌。时间久了，孩子就会对自己的性别产生厌恶感，不认同自己的性身份，严重的甚至会厌恶自己的性器官，故意伤害自己的性器官。

第二个危险行为是当着女孩的面不停地夸赞男孩，对她讲“你要是个男孩就好了”等言论。在长期的性别歧视和言语打压下，女孩可能会对自己的性身份产生厌恶感，不认同自己的性身份，并进而排斥其他女孩。她会认为男孩什么都是好的，想尽办法改变自己，挤进男孩的社交圈中。除了认知上的变化，对自己性身份不认同的女孩还可能会伤害自己的身体，比如讨厌自己的胸部性征，给自己戴束胸限制身体发育。

由于孩子的价值观尚不成熟，如果他们不认同自己的性身份，就很容易做出一些过激的行为。所以爸爸妈妈在与孩子相处的过程中，一定要注意自己的言谈举止，如果有人对孩子说出类似“男孩更好”或者“女孩更好”的话时，家长要及时纠正，帮助孩子建立正向的性身份认知。

♂♀ 不要混淆孩子的性身份认知

有些爸爸妈妈带孩子出门时，会因为孩子小就不注意性别之分，比如带男孩进女厕所、带男孩进女更衣室等，这些行为都是不正确的。

孩子在 3 岁左右就能够区分男女性别，在已经有性别区分的基础上，带孩子进入不属于他这一性别的公共区域，会让孩子产生混乱感。孩子可能会疑惑：“我明明是男孩，为什么妈妈要带我进女更衣室？那我到底是男孩还是女孩？”

这种混乱感非常不利于孩子的性别认知。此外，在幼儿已经有性别意识的情况下，过早地目睹成熟异性的身体，可能会影响其未来的性关系发展，使其害怕成熟异性。此外也可能使孩子变得迷恋比自己大的异性，产生难以排解的恋母情结，在未来更可能倾向于与自己年纪差异非常大的异性建立情感关系，甚至有的孩子长大后会有性功能障碍，无法对异性产生性兴奋。

可能爸爸妈妈觉得一次两次这样的行为无伤大雅，并且带在身边方便自己照顾孩子，但就其结果而言，实在是得不偿失。

正是因为孩子还小，很容易受到影响，所以我们更不要增加孩子的认知难度，不要让孩子产生认知混乱的感受。

每个人都有独属于自己的领域

所谓隐私，就是每个人隐藏在心底不愿意让其他人知道的事情，它是隐秘且私人的。

我们所有人都有隐私，爸爸妈妈有，小孩子当然也有。

比如，有些孩子会写日记，日记就是他们的隐私。日记里面的

内容摊开来看可能是非常幼稚的，满是一些“流水账”，或者一些天马行空的想象。无论日记里面的内容是怎样的，都是孩子隐秘的心事。

我们作为家长应该帮孩子保守这份隐私，不让其他人看到，更不应该自己去偷看孩子的日记。

对于没有界限感的家长来说，孩子那些稚嫩的语句可能是饭后谈资，但对孩子而言，父母的这种行为意味着在这个家里自己是时刻被偷窥的，是不受尊重的，这个家并不“安全”。

帮助孩子树立隐私观念的第一步是爸爸妈妈要充分尊重孩子的隐私。如果想知道孩子在学校发生了什么事，可以和孩子沟通，而不应该使用偷看日记、跟踪孩子之类的不当方式。

保护自己的隐私

孩子的隐私不仅限于日记。事实上，孩子从出生起就有了隐私。家长从给孩子穿衣服的时候开始，就要注意保护孩子的隐私。

尤其是在幼儿阶段，不要随意裸露孩子的下半身。在这个时期，家长就要严格教导孩子，让他们学会保护自己的隐私，不能随意裸露，更不能允许他人触碰、观看自己的某些身体部位。

孩子进入青春期后，家长更要尊重孩子的隐私，尤其不要在孩子的房间内安装监控。爸爸妈妈在孩子房间内安装监控，本身就是上位者对下位者的隐私窥探。我们不能因为自己是孩子的长辈，拥有对孩子的监护权，就觉得自己能随意窥探孩子的隐私。在这种环境中长大的孩子，在面对一些权力、地位高于自己的人侵犯隐私时，很难做到坚定、果断地拒绝和反抗，这可能会造成一些无法挽回的后果。

爸爸妈妈安装监控的行为混乱了孩子对于隐私的认知：既然隐私是属于自己、不允许任何人窥探的，那为什么爸爸妈妈可以例外呢？如果爸爸妈妈可以例外，那同样拥有更高权力的人是否也可以例外呢？

我们作为家长，既然教导孩子要保护好自己的隐私，那就应该对孩子的隐私权尊重到底。

让孩子在心中树立隐私意识，明确“我”的身体部位、秘密、烦恼，只有在“我”主动对他人表露的时候才是合理的，任何一种“我”不自愿，甚至令“我”感到不舒服的情况，都是他人对“我”隐私的侵犯。

不要有太强的窥私欲

我们在教导孩子保护自己隐私的同时，也要教会孩子尊重他人的隐私，让孩子学会尊重他人，避免孩子过度以自我为中心。

要让孩子明白每个人都拥有隐私，每个人的隐私都需要被尊重，而不是别人不可以侵犯我的隐私，但是我可以千方百计地窥探别人的隐私。

虽然对事物拥有强烈的好奇心是孩子的天性，但是这一天性需要加以限制。比如，有些孩子喜欢掀别人的裙摆，有的孩子甚至会趴在试衣间门口偷看别人换衣服。

如果我们把这一切归根为孩子的好奇心，甚至强硬地对别人解释说“孩子还小，看你一下又能怎么样”，那么孩子长大之后很可能会有一些恶习。

当我们发现孩子有偷窥行为时，要保持冷静。我们可以耐心询问孩子这样做的原因。这时要注意询问的方式，尽量与孩子的视线保持齐平。我们可以蹲下或者与孩子一起坐下讨论，不要站着，居高临下地去“审问”孩子。

问清楚原因后，应当向孩子解释为什么这样做是不对的。可以跟孩子说明男女有别，偷窥他人是不礼貌，甚至是违法的，这样做会被警察抓起来。

此外，我们还可以适当地利用孩子的同理心，比如问孩子："如果有人这样偷窥妈妈，冒犯妈妈，妈妈会很害怕、很难过。这时你会怎么办？"这是借由孩子对妈妈的保护欲，引导孩子改正恶习。

情景模拟

跟不跟我走？

和孩子一起玩情景模拟游戏，适合 3 ~ 6 岁的孩子。

爸爸妈妈收集一些常见的，或者当下新型的拐卖儿童案例。比如，陌生人给孩子一块糖，说带孩子去好玩的地方、去找爸爸妈妈，或者带孩子去体验某种好玩的游戏，然后把孩子拐跑。

爸爸妈妈可以换一身打扮，然后与孩子一起模拟这些情景。爸爸妈妈可以装作拐卖小孩子的叔叔阿姨、爷爷奶奶，通过言语诱导、零食诱导等方式，观察孩子是否会上当。

如果孩子见到好吃的、好玩的就跟人走了，爸爸妈妈在游戏结束后应当跟孩子进行沟通，让孩子想象，如果他被一个陌生人带走了，会发生什么可怕的事情。家长可以慢慢引导孩子，让孩子知道，无论是陌生的叔叔阿姨，还是认识的邻居、亲属，抑或是爸爸妈妈的朋友，都有可能伤害他。当然，让孩子对认识的人产生戒备心理可能比较困难，可以告诉孩子尽量不要跟别人去陌生的地方玩，并尽可能在人多的地方玩耍。如果离开某个范围（如单元楼下、小区或学校），要及时告诉爸爸妈妈或老师。如果一时半会找不到爸爸妈妈和老师，应及时向周围的大人或警察求助。

如果孩子在游戏中表现良好，坚定地拒绝陌生人的诱惑，或者孩子的洞察力很高，能轻易识破爸爸妈妈的伪装，说明自己遇到这种情况会怎么做，那我们可以给孩子一些奖励，让他能够更加深刻地记住自己正确的处理方法。

Part 3

学会珍爱自己的身体与健康

弗洛伊德的儿童性发展的五个阶段

性本能，是伴随人一生的内在驱动力，著名心理学家弗洛伊德将其称为“力比多”，并将一切追求快乐的欲望都归在“性”中。

人在不同年龄段追求的快乐是不同的，弗洛伊德根据不同的发展特征将性心理概括出五个性发展阶段。

口唇期

婴儿出生后会有一种本能的行为——吸吮。他们通过吸吮获得充足的奶水，满足生存需要。

细心的爸爸妈妈可能会注意到，有时候孩子正在喝奶，喝着喝着就睡着了。这是因为吸吮行为能够吸引婴儿全部的注意力，并且口唇部的蠕动摩擦会给孩子带来强烈的快感，吃饱喝足的同时，快感得到满足，孩子很快就会睡着。

人类的口唇部具有非常多的敏感神经，婴儿时期身体发育有限，吸吮自然就成了婴儿获得快感的最佳方式。

无论拿到什么物品，他们的第一反应就是去啃一口。物体的形状、质感都能刺激他们的口唇。于是弗洛伊德将婴儿从 0 到 12 个月龄这一阶段称为口唇期。

口唇快感并不会随着年龄的增加而消失，只是随着身体的发育，获得快感的主要方式发生变化，口唇快感就相应地退居到了次要位置。

口唇快感一直存在，比如我们成年人喝奶茶，很多人喜欢用吸管喝，因为用吸管喝与直接端起杯子喝所获得的快乐是完全不一样的，吸吮能让人有更多的快感和满足感。

肛门期

当孩子长到 1 ~ 3 岁时，开始同成年人一样就餐，排泄就成了快感的主要来源。

当排泄物通过肛门时，肛门的收缩、摩擦会让孩子感受到强烈的刺激。

肛门期对排泄的控制代表着孩子能否掌控自己的身体，这一时期的目标是让孩子学会不能随时随地大小便，不能随意尿裤子、拉裤子。

爸爸妈妈可以通过在早上起床后或睡前等固定时间段带孩子上厕所等方式训练孩子的自控力，培养孩子良好的卫生习惯。

性器期

性器期是孩子性心理发展最重要的阶段。当孩子长到3～6岁时，随着进一步的生长发育，身体更加灵活，逐渐熟练掌握跑、跳、跨等动作，在探索世界的同时，他们也开始探索自己的身体。

在这一阶段，性器官成为他们快感的主要来源。儿童会更加关注自己的性器官，以及感受摩擦性器官所带来的感觉。

比如爸爸妈妈可能会关注到有些小男孩会时不时伸手抚摸自己的裆部，甚至把手伸进裤子里抚摸性器官。

成年人可能会觉得有趣、好笑，借此开玩笑逗弄孩子。但事实上，这只是孩子正常的生理行为而已，摩擦的快感会让他们对性器官更加感兴趣，并且产生更浓厚的好奇心，就像探索一个玩具一样，越触摸越能让其感受到更多的刺激。

孩子们可能也会通过摩擦大腿、跨坐在椅子上摩擦等方式获得这种刺激。

不仅如此，在性器期，当孩子们一起玩耍时，他们也会对异性的身体产生很大的兴趣，好奇对方和自己有什么不同，甚至会互相裸露、触摸彼此的隐私部位。若爸爸妈妈发现自己的孩子有这种行为，不必惊慌失措，更不应该对孩子大喊大叫，可以先带孩子回家，然后严肃地告诉他这种行为是不对的，不可以让他人触碰自己的隐私部位，也不能去触碰他人的隐私部位。

这一阶段也是幼儿恋父情结、恋母情结高涨的时期。爸爸妈妈在与孩子一起玩耍时，要注意男女有别，避免孩子过度依赖异性家长。

♂♀ 潜伏期

性心理的第四个发展阶段被弗洛伊德称为潜伏期，年龄在6～11岁。

在这一阶段，孩子自身的性发展相对停滞，没有明确的进展表现，孩子对性器官的好奇也逐渐减弱。

从性器期末期（即6岁左右）到青春期之前，都属于潜伏期，孩子的精力主要集中在学业、活动上。

在这一阶段，他们已经明确知晓男女的性别差异，更多地将自己局限在同性的活动团体中，也更侧重同性友谊的发展。

♂♀ 青春期

孩子进入青春期后，随着身体发育越来越成熟，性征更加明显，性器官、体毛等均发生了非常明显的变化。

在从11岁或13岁开始的青春期，孩子会开始关注异性关系，从青涩的少年逐渐成长为渴望建立两性关系、追求爱欲的成人。

孩子从追求个人身体上的刺激，转向追求两性关系和爱的建立与满足，因此心理学上又将生殖期称为“两性期”。

在这一阶段的初期，孩子的生理、心理会发生剧烈的变化。青春期的激素变化会让孩子进入我们俗称的“叛逆期”，这段时间他们的情绪复杂多变，极其敏感。

“叛逆期”也是爸爸妈妈与孩子处于矛盾激化的阶段。这时的孩子生理上逐渐成熟，渴望能够拥有自己人生的自主权，但爸爸妈妈又觉得孩子还不成熟，未经世事，很多事情是不可以做的。同时，爸爸妈妈很难静下心来向孩子解释这些事情为什么不可以做。双方各执己见的情况下，争吵在所难免。

爸爸妈妈要意识到，青春期只是生殖期的开始，孩子终将脱离原生家庭，去创立自己的新的关系。爸爸妈妈在处理与青春期孩子的矛盾时，在结果可以承受、可以放手的事情上，应当让孩子拥有主动权。比如，回家的时间这类问题是可以妥协的。但对于原则性问题，比如青春期偷尝禁果这类事情，爸爸妈妈应该向孩子讲清楚，给孩子举例说明做这些事情的后果。

在剖析某件事情的利害时，爸爸妈妈应以平等的角度和孩子谈心，尊重孩子的人格，耐心解答孩子的困惑，而不是高高在上地站在上位者的角度，带着一种“我说了你也不懂”的轻蔑感，强迫孩子不做某些事情，甚至打骂孩子。

帮孩子顺利度过儿童性发展阶段

口唇期注意物品卫生

口唇期的孩子喜欢吸吮各种各样能够到的物体，尤其偏爱吮吸手指。这一时期，很多爸爸妈妈会给孩子购买专门的奶嘴或者吮吸玩具。购买这些用具时一定要仔细查看其材料成分，以防不合格的玩具对婴儿造成伤害。

家中的日常用品也要注意清洁。需要注意的是，婴儿爬行的地垫，婴儿能够接触到的桌子腿、椅子腿等都是日常清洁时容易被遗忘的角落，而这些角落充满了各种细菌，因此我们要尤为注意。

当然，最好是把孩子和家中的家具隔离开来，给孩子的爬行区域装上围栏。

此外，能被婴儿吞咽的细小物品一定要收好。像小积木玩具、小发卡这类物件，婴儿趁爸爸妈妈不注意，随手一抓，嘬一嘬，很容易将其吞进肚子里，有时还会发生卡在嗓子眼里的危险情况。

肛门期对孩子不要过分严格

这一时期，爸爸妈妈对小宝贝的耐心可能会有些减弱。一些排泄控制能力差的孩子在“感觉来了”时不会控制自己，常常拉在裤子里，或者拉在家中，蹭得到处都是。爸爸妈妈看到这些脏污很容易火冒三丈，有时甚至会忍不住打骂孩子。

我们要调整好自己的情绪，耐心教导孩子，慢慢培养孩子的自理能力，不能操之过急，尤其是不能过度苛责孩子。比如，有些爸爸妈妈会强制孩子定时排便，到了规定的时间，如果孩子没有排便，他们就会恐吓孩子：“现在不拉，你晚上也不许上厕所”“你要是弄脏

了床，我就不要你了”。

以上这些行为都会伤害孩子的内心，不利于孩子的成长发育。

长期强迫孩子排便，可能会让孩子在成年后走向两个极端：可能会变得吝啬、保守，有洁癖、强迫行为，甚至发展出强迫型人格；也可能向着混乱无序发展，成年后变得放纵、邋遢、拖延。

♂♀ 性器期注意培养孩子男女有别的意识

性器期的孩子出现夹腿、夹被子睡觉等行为都是很正常的。等孩子上了幼儿园，开始集体生活，有了更多丰富有趣的活动后，对于性器官的注意力就会被转移，所以爸爸妈妈并不需要刻意去矫正这些行为。

如果孩子的这类行为过于频繁，普通的口头劝阻无法阻止，影响了孩子的日常生活，可以去寻求专业人士的帮助。

在这一时期，我们更重要的任务是培养孩子的性别区分意识。异性家长在家中一定要注意，不能随意裸露身体，不要当着孩子的面换衣服，不与孩子共浴，进卫生间时关好门……

如果我们能在家中保持这些习惯，孩子自然而然地就会形成男女有别的意识，在与异性孩子一起玩耍时，也会注意不裸露自己的隐私部位。

现实生活中，有些爸爸妈妈，尤其是一些男孩的爸爸妈妈，可能觉得男孩没必要过度注重隐私，或者脑海中还存在某些陈旧的思想，他们会四处展示孩子的隐私部位，甚至允许其他人随意触碰孩子的身体，这对孩子的人格塑造和养成性别意识都是非常不利的。

如果我们家中有这样的情形发生，或者身边有使用这种育儿方式的爸爸妈妈，最好能劝阻他们。

♂♀ 潜伏期着重培养孩子的爱好

在这一时期，孩子对于身体的探索欲是较低的。相反地，他们对课余活动的兴趣更加高涨。

爸爸妈妈可以送孩子去参加一些他感兴趣的特长班，带孩子培养读书习惯，同时也不要忘记同孩子进行一些户外活动，锻炼身体。比如，可以带孩子一起参加亲子营、亲子活动课，或者陪孩子一起夜跑、打球、玩滑板……

在这一阶段，还可以着重培养孩子的社交能力。平时可以和孩子一起做一些手工、小点心分享给孩子的朋友，或者鼓励孩子邀请他的朋友来家里玩。

当孩子的友谊出现危机时，爸爸妈妈要认真倾听，公平客观地给出建议。如果是自己孩子的问题，可以引导孩子去道歉，帮孩子建立正确的是非观。

青春期注意平等沟通

在孩子生殖期早期，也就是青春期这个阶段，身体的成熟和情绪上的敏感，常常会让孩子有一种“我已经长大了，但是在家里他们都不懂我，他们还是把我当成一个孩子，他们瞧不起我”的感觉。

这一阶段的孩子往往容易出现冲动行事、思虑过多、焦虑、抑郁等问题。

作为家长，我们完全可以把孩子当成一个真正的成年人来看待，尊重他作为人的独立性，尊重他的行为选择，有问题可以和他商量、讨论。

孩子迟早会变成成年人，爸爸妈妈也迟早会老去，与其一边抱怨孩子不懂事，一边大包大揽处理孩子的所有事务，不如早些将孩子看作一个成熟的人，慢慢将自己的经验传授给他，让他逐步学会承担责任，合情合理地处理两性关系、家庭关系。

爸爸妈妈应该时刻谨记：平等地尊重孩子，比苛责、打骂更有用。

打骂绝对换不来好的结果，孩子可能在打骂中爆发，反抗父母；可能压抑自己，从而产生心理问题；也可能小小年纪就戴上面具生活，在家中装出听话、懂事的样子，出了家门就变成另一副模样。

无论哪一种结果，都不是我们想要的。孩子的成长不是一夜之间完成的，孩子也不是一夜之间变“坏”的。对孩子的教育是长年累月的“大工程”，而青春期更是这一“工程”的关键时刻，我们应该将其作为重中之重。

帮孩子了解不同性别的卫生常识

每个性别都有自己的优势和劣势

孩子们常常会羡慕另一种性别，比如说“我要是个男孩就好了，就不会痛经了”“我要是个男孩就好了，跑步的时候胸就不会颠得难受了”“我要是个女孩就好了，感觉穿裙子比穿裤子更方便”……

当孩子感受到自身的生理痛苦，或者认为异性的生理特征能带来更多的便利时，就会羡慕异性。这是很正常的现象，不过我们还是有必要让孩子明白，每种性别在生理上都有自己的优势、劣势。

女孩可能会有痛经的烦恼，稍微受凉就可能加剧经期的疼痛感；月经期间还要担心经血沾到裤子上，害怕被人看到后遭到嘲笑；在胸部发育后会感觉运动的时候不方便，胸部过于“沉重”。

男孩也会有遗精的烦恼，弄脏内裤，还可能弄脏床单，害怕被爸爸妈妈发现后感到尴尬；穿着裤子时，可能会“卡裆”；衣物偶尔摩擦到身体时，可能会在公开场合生理性勃起，需要找些东西挡住以避免尴尬。

两种性别都有自己的烦恼，我们站在自己这一性别的角度来看，从切身经验出发，更容易看到己方在生理上的劣势，从而认为另一种性别不具备这些劣势，所以会生活得更好。

当孩子了解了两性的生理特征，知道不同的性别有不同的烦恼，就能更理性地看待男女性别。

♂♀ 青春期注意个人卫生

进入青春期后，女孩容易出现私处瘙痒、白带异常等问题，所以需要注意保持私处卫生，每天换洗内裤。洗内裤时要注意与其他衣服分开；每次小便后要记得将私处擦拭干净；最好能每天清洗阴部。在生理期更换卫生巾时，要注意手部清洁，先洗手再更换；要注意保暖，避免着凉、受寒。

男孩也要注意小便后外阴部的清洁，最好每天清洗。尽量不要穿过于紧身的裤子，尤其是不要长期穿闷热、不透气的牛仔裤，那样可能会损伤生殖功能。

关于青春痘的问题，男孩女孩们大可放心，大多数人的青春痘都是暂时的，是由于身体激素变化、内分泌旺盛等原因造成的，青春期过后一般都会自然消退。

青春期要注意每天清洁面部，早、晚用温水洗脸。有些洁面产品比较刺激，皮肤比较敏感的孩子应避免使用。饮食上注意少吃辛

辣、油腻的食物，这些食物容易使人“爆痘”。

还需要说明的是，手淫、自慰是正常的性需求，青春期的少年不必因此感到羞耻，爸爸妈妈更不必认为有这些行为的孩子道德败坏。只要不过度，注意私处卫生，偶尔一次是没有问题的。

如果爸爸妈妈怕孩子沉迷其中，可以带孩子进行其他活动消耗精力，让孩子没有时间和精力想这些。如果孩子过于频繁地进行自慰，甚至沉迷其中，出现性成瘾问题，家长也不要打骂或耻笑孩子，而应积极向专业人士寻求帮助。

不必在意他人的恶意评价

在青春期这一身体迅速发育、身体激素水平变化明显的时期，孩子的体重、身形往往会发生较大的变化，而孩子的心理状态还不成熟，有的孩子可能会取笑较早发育或发育较好的孩子。青春期的孩子在感情上很敏感，对他人的评价也很在意，面对耻笑和负面评

价，很容易变得自卑、消极、抑郁。

从婴儿到儿童期这一阶段，人们都喜欢白白胖胖的小娃娃，但是到了青春期，成人对孩子的审美评价就发生了翻天覆地的变化。

社会环境、社会文化都会不自觉地向孩子传达白嫩、纤瘦的女孩才是美丽的，瘦瘦高高的男孩才是帅的，这会潜移默化地打压不符合大众审美标准的孩子的自信心，这些标准也会逐渐渗透到孩子的审美观念中。

随着青春期的到来，孩子更加关注异性，开始对异性产生懵懂的感情，喜欢的异性的审美标准无疑会对孩子产生较大影响。比如，有些青春期的女孩会因为喜欢的男孩喜欢比较瘦的女孩，就强迫自己减肥。普通的减肥方法短期内效果不太显著，一些女孩就会尝试比较极端的方法，比如催吐、完全禁食碳水、完全生酮饮食、过度运动等。这种极端减肥方法的能量摄入无法满足日常的学习、生活，会使孩子出现脱发、头晕、贫血等问题，有的孩子甚至会因此患上厌食症。

当然，这类行为不只发生在女孩中，有的男孩也会因为觉得自己身高太矮，迷恋各种“增高秘诀”，偷偷吃一些小广告上卖的三无增高药物，甚至要求家长带自己去断骨、接骨。这类行为对孩子的身体和心灵都造成了很大伤害。

但是影响孩子如此之深的那位“心动男孩 / 女孩”对此可能毫不知情，孩子只是掉进思维陷阱里，自顾自地认为“只要我变瘦 / 变高，他 / 她就会喜欢我”，这种病态的想法会令孩子做出许多疯狂行为。

现实生活中，很多人对他人身体做出的评价都是无意识的，他并不会记得自己对某个人说过些什么，更不会想到随口说出的一句话会对别人产生多么严重的影响。而青春期少男少女的高敏感性会让他们对别人的话进行过度解读、加工，也会使他们过度在意他人的评价。

这就需要我们家长及时与孩子沟通，多与孩子谈心，让孩子愿意与自己分享心事。我们可以先做孩子的聆听者，再做孩子的引导者，将孩子带出思维误区。

健康比任何事情都要珍贵

想要矫正孩子的错误想法，就要理解孩子为什么会这样做。

我们应该站在孩子的立场，回想自己青春期时的状态，推己及人，理解孩子的感受。比如，女孩过度减肥，我们首先要表示理解，毕竟每个孩子在青春期时都是爱美的，渴望获得同龄人的赞美，想让自己看起来在同龄人中更有魅力。然后，我们可以搜集一些新闻给孩子看，告诉她错误的减肥方式是非常伤害身体的，想要减肥有很多种方式，爸爸妈妈可以帮她一起减肥。要让孩子明白，一定要以自己的身体健康为前提，不能透支身体。

阻止孩子进行危险行为后，我们再慢慢纠正孩子的认知。

青春期的孩子病态地寻求同龄人的认同、同龄异性的关注，归根结底是缺乏自信。

父母在孩子青春期期间，应该更加包容、理解孩子，带孩子去做更多有意义的活动，让孩子展示自己，开阔视野，结识更多的朋友。

此外，家长还可以带领孩子更广泛地阅读。和孩子一起参加活动和阅读不仅能够充实孩子的内在，让孩子在学习之余有更多的兴趣爱好，还可以加深父母对孩子的了解，有更好的机会和孩子交流彼此的人生观、价值观等。

当孩子获得由内而外的自信时，就不会再囿于一块小天地——人们的评价里，更不会因为别人的评价而强迫自己改变。

无论高矮胖瘦，只要健康、自信就是最美的。

经常换洗衣物，养成良好的卫生习惯

保持衣物卫生、清洁

我们应该帮助孩子从小养成良好的卫生习惯。衣物作为我们每天都要穿着的物品，尤其需要注意卫生。在炎热的夏季，油脂、汗液分泌旺盛，孩子应当一天换洗一次衣物；冬天天气较冷，贴身衣

物也需要一天换一次，非贴身的衣物，比如毛衣、外套，可以两三天换洗一次。

贴身衣物尽量不要隔夜清洗，避免滋生细菌，还要注意与其他衣服分开洗涤，避免细菌交叉感染。尤其是青春期的孩子，内裤尽量保持一天一换的频率，换下来的脏内裤要马上清洗。

女孩要准备专门的生理期内裤。卫生巾的留胶很难清洗，会残留一些细菌和化学物质，不适合再贴身穿着，应该与日常所穿的内裤区分开。

此外，新衣服在穿着之前也要过水清洗。新衣服上可能会残留一些有害物质、灰尘，可能还有一些染色剂浮在表面，直接穿不卫生，还可能给其他衣物或者皮肤染上颜色。比如，有些孩子买了新的牛

仔裤，没有清洗就直接穿了，睡觉前脱下裤子才发现腿被染成了蓝色，变成了“蓝精灵”。如果孩子有把衬衫或T恤扎在裤子里的习惯，新牛仔裤没有过水就直接穿身上，极有可能将上衣的下摆染成蓝色。所以新衣物上身前要记得清洗，不要因一时的偷懒，造成更大的困扰。

无论哪种衣物，我们在洗涤之后都尽量不要阴干，最好在太阳下悬挂晾晒。使用烘干机的家庭在衣物烘干后也应该把衣服挂在阳台进行晾晒。

阳光是大自然最好的消毒剂，能够有效防止细菌滋生，晒过太阳的衣服还会有阳光的“温暖”味道。

衣物的选择也需要注意

除了教会孩子经常换洗衣物，我们还应该教会孩子选择合适的衣服。

比如女孩应该避免选择压胸的内衣。青春期的女孩由于身体发育带来的种种不便，可能会倾向于选择穿着束胸，通过束胸避免运动时胸部带来的坠物感。但这种做法对孩子的身体发育是非常不好的。

在孩子的身体开始发育时，爸爸妈妈就应该教会孩子如何使用量衣尺测量自己的身体围度，并教会孩子如何选择内衣的尺寸，让孩子能够根据自己的身体发育情况自主挑选适合自己的内衣。

无论男孩还是女孩，内裤和裤子都不要选择太过紧身的。紧身的裤子可以更好地凸显身材曲线，看起来也更加时尚、美观，但对青春期的男孩和女孩来说，身体还处于增长的阶段，紧身的裤子不利于散热，也容易导致血液循环不良，限制身体的发育。在天气炎热或者运动量较大的时候，紧身的裤子还会导致裆部闷热、潮湿，甚至造成私处瘙痒，不利于健康。

小竞赛

我是卫生小能手

这个游戏可以从孩子能够自主洗衣服、扫地的时候开始进行，帮助孩子培养自理能力。

（1）在孩子比较小的时候，爸爸妈妈在家中做大扫除时，可以与孩子比赛，看谁能发现更多的清洁任务。孩子与爸爸妈妈的高度不同，可以发现更多的卫生死角。这个比赛可以让孩子心中有“家务”，发现家中更多需要清洁的地方。

（2）等孩子稍大一些，可以做扫地、擦桌子等家务时，爸爸妈

妈就可以把孩子力所能及的家务分配给他，与孩子比赛，看谁完成得最快。最快完成的人就是卫生小能手。这里需要注意的是，在孩子做家务的时候，爸爸妈妈也要同时做家务，不能让孩子觉得可以偷懒，这会让孩子觉得不公平，不愿再做家务。

（3）当孩子快要进入青春期，或者更早的时候，爸爸妈妈就可以培养孩子清洗自己内衣、内裤的习惯，锻炼孩子，让其明白“自己的事情自己做”的道理。每天晚上洗漱的时候，可以和孩子一起，各洗各的衣服，比谁洗得又快又干净。长期坚持，让孩子形成良好的习惯，之后即便没有爸爸妈妈的陪伴，孩子也能够保持卫生，清洗自己的衣物。

Part 4

教孩子懂得保护自己

令人不适的亲近可以直接拒绝

生活中总会有人打着亲近的名义，做一些令人反感的举动。比如，某个邻居大叔非要抱抱孩子，以表亲近；某个亲戚非要从头到脚地摸摸孩子，看看孩子长多高了；等等。

这些行为在孩子还是婴儿或者幼儿的时候还可以理解，但是对已经拥有了自我意识和性别意识的孩子来说，这种强制性的亲近是具有侵犯性的行为。

可能有些爸爸妈妈会将这些行为解释为“长辈在表达喜欢”，但孩子是独立的个体，我们还是应该尊重孩子的感受，并保护孩子的个人隐私。

往坏的方面想，大部分对未成年人实施猥亵性侵的案例中都是熟人作案。

罪犯可能是邻居、亲戚、爸爸妈妈的朋友或同事，可能是个别品德败坏的老师，也可能是孩子某个关系要好的同学的爸爸妈妈，这些人无疑都是“长辈”。防人之心不可无，我们不能把违反孩子意愿的触摸归结成长辈对他的喜欢。

违反他人意志的亲密行为就是在侵犯他人的权利，无论双方的性别、年纪、身份地位等因素有着怎样的差异，双方之间存在怎样的关系，侵犯就是侵犯，孩子也有拒绝的权利。哪怕对方是孩子的直系亲属，没有做什么伤害孩子的事，孩子也有表达不满、进行反抗的权利。

我们往往是站在成年人的视角来看待问题的，但是孩子处于弱势地位，通常是以下位者的视角来看待事情。就像成年人面对职场性骚扰，对方表面上表现出来的情形，与旁观者看到的情况，往往是“亲密”“欣赏”，但其真实意图一般只有被骚扰的人才能感受到。我们应该教会孩子相信自己的直觉，同时我们更要相信孩子，做孩子坚实的后盾。

我们要告诉孩子，当他感觉到某些人对他的态度和行为不对劲时，应该及时寻求帮助。如果暂时没有人可以帮忙，比如在封闭环境下与对方独处，应尽量与其周旋，不惹恼对方，想办法联系爸爸妈妈或警察。

恶意的玩笑是作恶

除了要防备坏人，在日常生活中也要教孩子保护自己，远离那些恶意的“玩笑”。

青春期的男孩女孩身体开始发育，但发育的时间并没有完全统一，可能会相差几年。这种差异难免会让他们产生好奇，有的孩子不懂如何表达，于是“玩笑”就成了他们最常用的表达方式。比如，有些男生会拉扯女同学后背的胸衣带，看她们被弹得疼痛大叫；有些男生会取笑发育较好的女生，拿月经开玩笑。

这种恶意的玩笑并不局限于异性之间，有些同性同学也会加入“开玩笑者”的行列。他们可能是出于自保，以为加入开玩笑者的行列可以让自己免于被开玩笑，类似于校园霸凌中加入霸凌者以求避免自己被霸凌的同学；有些学生也可能只是幼稚地想要表现自己的“强大”，有“你看，我知道这么多，我跟你们都不一样，我多厉害”之类的潜在心理。

这类玩笑其实并不是玩笑，而是一种懵懂的恶意。我们应该让孩子明白，玩笑是好玩又好笑的事情，那些通过使别人尴尬和难受

来获得愉悦感、满足感的事情是在作恶，而不是开玩笑。

爸爸妈妈要教导孩子，遇到这种情况的时候，一定要严肃、坚决地告诉对方：“我不喜欢这种玩笑”“你不要碰”“这不好笑”。

不要在意别人说“开玩笑你怎么还生气呀”“你这人开不起玩笑，我们没法和你玩了”之类的话。对朋友做出这种行为，且在朋友表示不快后毫无歉意，只能证明对方非常不尊重人，或者说对方根本没有把你当作朋友，而是把你当作愚弄的对象，这样的同学情谊不值得维系，更不值得让自己内疚。

勇敢说“不”！

表达拒绝、勇敢说“不”，在一些爸爸妈妈看来也许会显得自家孩子不够“礼貌”。他们常常说“不要为了一点小事伤了和气”，教导孩子要理解、包容，劝孩子学会忍耐。事实上，学会拒绝是爸爸妈妈必须教会孩子的重要一课。

说“不”并不可怕

孩子是否敢于对别人说“不”，主要来源于父母的言传身教。成年人不愿意轻易对人说“不”，大多时候是出于害怕与对方闹僵后不方便联系、害怕当面拒绝别人会使自己看起来不太好相处且不太尊重人、害怕会造成比较严重的后果之类的原因。其实这些忧虑是很没有必要的。

当对方做出冒犯自己的行为时，明确表示自己不喜欢并阻止对方，是很正确的反应。如果对方的举动是无意的，并且之后他会注意，那说“不”就不会影响你们的关系；如果对方是故意做出不尊重

你的行为，那么容忍只会让他变本加厉，你大声说“不”才能明确警告对方。

如果一个人对别人做出不礼貌的行为还不允许别人拒绝，在别人表达不愉快后还要继续做或者计划实施报复行为，那么这样的人不值得我们委屈自己去维持彼此的关系。况且一个如此纯粹的恶人，即便我们抱着“做事留一线，日后好相见”的想法，不表达自己对他的厌恶，日后想要与其友好相处也是很困难的。

所以，我们面对那些冒犯的行为时要坚决表达自己的不满，无论对方是谁。值得交往的人不会因为你纠正了他的行为就厌恶你；不值得交往的人也不会因为你容忍了他的冒犯行为就感恩于你，他只会觉得你做的一切都是应该的。

在家庭教育中，爸爸妈妈要摆正自己对待冒犯行为的态度，在家庭进行日常聊天、观影、读书等活动时可以向孩子传达面对冒犯行为零容忍的态度，表明自己会坚定保护他。同时，家长可以鼓励孩子表达自己的想法，借此观察孩子是否掌握了处理冒犯行为的方法。比如，家长可以询问孩子，如果有人不怀好意地摸他的大腿，他会怎么处理。时间久了，孩子自然而然就会敢于说“不”，也能掌握一些技巧来应对他人的冒犯。

不要给孩子树立绝对权威

对于说“不”这件事，必须打破“权威限制”，也就是说，不要让孩子觉得某类人拥有绝对权威。

在一些未成年人长期遭受性侵害的案例中，年纪较小的孩子根本不敢告诉爸爸妈妈自己的遭遇。

其中最典型的例子就是，当罪犯是孩子的老师时，由于教师的职业光环、孩子对知识丰富的成年人的慕强心理、爸爸妈妈教导要尊师重道、师生的地位差异等，让一个别有用心的罪犯变成懵懂、乖顺的孩子眼中不可违抗的绝对权威，对方稍加恐吓、诱哄，孩子就不敢告诉爸爸妈妈自己遭遇了什么。

所以我们必须让孩子知道，任何群体中都可能有坏人，不要因为对方的身份就不敢反抗。即便是德高望重的人，也可能会在某些情况下做坏事。

当你感到被冒犯的时候，无论对方是谁，都要坚决说“不”。

打破权威并不难，在平常的家庭教育中需要爸爸妈妈以平等、尊重的态度面对孩子。

爸爸妈妈在家中应该放下权威，不要总是用一家之主的态度教育孩子，命令孩子听话。我们要允许孩子提出疑问，在一些日常小事上，也可以允许孩子尝试他的想法。

比如，爸爸妈妈带孩子去公园玩，爸爸妈妈习惯了走某一条路，如果孩子说另一条小路更近，想走近路，我们不妨跟着孩子走小路。如果他带领的路是对的，就给他赞扬；即使是错的也没关系，毕竟正是因为孩子，我们才看到了另一种风景。

在平等、乐观的家庭环境中长大的孩子往往敢于创新，敢于试错，更敢于打破权威。这些特质用来保护自己，或者用在学业、事业上都是非常不错的。

如果爸爸妈妈总是唯我独尊，摆出一副“我说什么就是什么”的模样，在孩子想走另一条路时斥责孩子说：“这条路我走了这么多年了，我还不知道哪条近吗？你老老实实跟着就行了！”或者到达终点后斥责孩子说：“你看我就说那条路更近吧！你看看你，不听老人言，吃亏在眼前！”这种表达会让孩子感觉很糟糕。

在家庭中长期被打击、不敢反抗的孩子，通常既没有主见，又容易被掌控，无论他是未成年人还是成年人，都很容易被恶人列为好欺负的对象。

♂♀ “从来如此”也不一定是对的

除了以上两点，我们还要让孩子知道，有些事即便从古至今都是如此，也可能是错误的。我们不但要打破权威，也要打破常规。

例如，有些成年人会无意识地区别对待不同性别的孩子，觉得男孩应该用蓝色的文具，女孩应该用粉色的文具；男孩应该更热爱运动，女孩应该更文静；男孩要留短发，女孩要留长发……

如果有人提出反对，这些观念的守护者往往会说“一直以来都这样啊”。这种观念本身可能谈不上对错，但由此会衍生出很多问题。比如，一个男生穿了一件粉色的T恤，就可能会被其他小朋友嘲笑：

“快瞧啊，像小姑娘一样。”一个女生喜欢粉色的东西也可能会被人取笑：“看啊，她果然喜欢粉色的。”

我们应该让孩子明白，如果想选择某样东西，那只需要根据自己的喜好选择，不需要考虑“我这样是不是不太像个男孩/女孩”。之所以存在多种多样的物品，就是为了让人能够根据自己的喜好进行挑选。我们不必被常规所束缚。

每个人都是鲜活独立的个体，孩子们不是为了成为人们眼中的“标准男孩”“标准女孩”而活的。对他们不喜欢的东西完全可以大声说“不”，对于“你一个小男孩/小女孩就应该……”式的说教也可以大声说“不”。

严肃对待侵犯隐私的人和事

隐私权是每一个公民都享有的权利，无论这个人年龄多大、心智是否成熟，他都有属于自己的隐私权。对于孩子来说，隐私权被侵犯的情况通常发生在家庭和学校中。

家庭中侵犯隐私权的行为有很多，最典型的有：父母在孩子的卧室中安装监控、偷看孩子的日记、偷偷查阅孩子的网页浏览记录……这些行为都是对孩子隐私的侵犯，是对孩子的不尊重。

爸爸妈妈担心孩子不好好学习，害怕孩子打游戏、浏览不良网站，怕孩子早恋，这种心理可以理解，但是如果打着“我是为你好”的旗号越界，侵犯孩子的隐私，那必然会影响亲子关系，对孩子的性格塑造也会产生不良影响，还可能会影响到孩子长大后的婚恋关系。

如果爸爸妈妈在某方面很担心孩子，可以与孩子面对面坐下来认真谈谈，不要私自监视孩子，侵犯孩子的隐私权，这样不仅解决不了问题，还会使矛盾激化。我们要相信孩子，也许孩子对这些事情的见解很成熟，能让你大吃一惊。

另外，有很多爸爸妈妈会乐此不疲地谈论孩子的“糗事”。比如，孩子小时候尿过裤子、流着口水追着漂亮姐姐跑、吃手啃脚……这些会让孩子觉得尴尬的事情，其实是不宜拿来当作饭后谈资的。这些事也是孩子的隐私。当孩子逐渐长大，越来越觉得自己是一个大人的时候，知道自己的隐私被公开当作笑话来讲，难免会产生负面情绪。

如果发生这类情况，爸爸妈妈应该多注意孩子的情绪，及时和孩子沟通。如果孩子不高兴了，爸爸妈妈应该对孩子的不满表示理解，承认并改正自己的错误。

在校园中，很多霸凌现象也与隐私有关。比如，孩子把一个秘密告诉某个同学，结果这个同学把秘密宣扬出去，让所有人都知道了。有些情形严重的，还会有同学借此嘲笑、欺负孩子。这无疑会

对孩子造成很大的伤害。爸爸妈妈可以告诉孩子，交友要谨慎，不要轻易把自己的隐私、小秘密告诉别人，也不要传播其他人告诉你的隐私。

友情是在日久天长的交流中确立的，而不是靠互相交换秘密就快捷建立起来的，这样的“快捷友谊”是不会长久的。

凡是有关隐私的问题，爸爸妈妈都要教孩子严肃对待，让孩子明白，无论侵犯自己隐私的是爸爸妈妈，还是同学、朋友或者长辈、老师，都要对他们表明自己的态度，要求他们改正。如果对方侵犯隐私的行为非常严重且坚决不改正，可以寻求家长或者警察的帮助。

勇敢反抗，警惕“自证陷阱”

在校园生活中，很多孩子会遇到被造谣的情况，而谣言的内容往往与隐私有关。

常见的谣言有“小亮早恋了”“小明谈了好几个女朋友”“小飞考试作弊，是某某亲眼看见的”“小芳偷了别人的东西藏在书包里”……

面对这种三人成虎、越传越离谱的谣言，被造谣的孩子当然会拼命想证明自己的清白。但是“自证”其实是一个自我折磨的过程，对人的身心会造成很大的影响。

有些事情是没有办法证明的，而且即便证明了，造谣者还会有其他说辞。比如，有同学造谣小芳偷东西，小芳把书包打开，把东西全部倒出来展示给同学们看，想证明自己没有偷东西。但是围观者依然会有很多污蔑她的说辞，例如“谁知道是不是放在书包里了，可能藏在其他地方了呀”“脸皮真厚，书包里的卫生巾也倒出来给人看”……

当有人想恶意中伤一个人的时候，无论当事人怎么解释，对方都可以快速应对并继续传播谣言。

所谓“证明”不过是把自己的隐私打开给其他人看，而好事者想看的只是“乐子”，即便证明了一次清白，后面还有无数个谣言等着。

面对这种情况，我们可以教孩子，在保持冷静的情况下，把问题拉到明面上来，让造谣者去证明他自己。比如，小明四处造谣说“小飞亲眼看到小亮早恋”，小亮就可以去质问小明：“你说得这么真，你是亲眼看见了吗？”接着再去质问小飞：“小明说你亲眼看到我早恋，请问是在什么时间，什么地点，对方是什么模样？”

在公开的、人员较多的场合抓住细节质问对方，让造谣者答不

上来，谣言自然不攻自破。

有些爸爸妈妈可能会担心：如果孩子表现得这么强势，会不会在校园里没有朋友，或者遭遇校园霸凌？事实上，校园霸凌者挑选的对象往往是不敢反抗、不敢表达的孩子，并且校园霸凌通常是渐进式的，霸凌者会逐步试探被欺负的对象是否会反抗，试探自己的行为是否会招来严重后果。一个敢于在公开场合对抗造谣者的孩子，显然不符合一般霸凌者欺软怕硬的“爱好”。

我们也要教导孩子，如果遭遇了校园霸凌，要在第一时间告诉爸爸妈妈，或者报警，不要害怕把事情闹大，更不要委曲求全、息事宁人，只有勇敢对抗才能及时将校园霸凌的火苗掐灭。

家长可以让孩子牢牢记住：保护自己的隐私是合情合理且合法的，没有人有权利拿别人的隐私取乐，更没有任何事值得我们把自己的隐私剖开展示给大家看。我们有爸爸妈妈的保护，更有法律作为保障，我们不必害怕任何坏人！

学会识别危险信号

现实中大多数性侵儿童的罪犯都是孩子身边的熟人，他们可能是孩子的老师、邻居、同学的爸爸妈妈或者爸爸妈妈的朋友、亲属……在这里，我们统一用“长辈”来称呼。

我们要让孩子明白什么是“来自长辈的关爱和喜欢”，什么是“带有性意味的触碰”。

对于亲吻这一行为，长辈亲吻孩子往往是亲吻脸颊、额头，正常的长辈是不会与孩子亲嘴的。陌生的成年人与婴儿嘴对嘴的亲吻是需要被爸爸妈妈坚决禁止的。即使对方只是单纯喜爱孩子，但成年人身上携带着各种各样的细菌，可能会影响婴儿的身体健康。

至于等孩子会走、会说话之后，异性的父母尚且要注意性别之分，不能与孩子亲嘴，其他人自然更应该避嫌。

在肢体接触方面也要注意。一般人抱孩子往往是把孩子抱在腿上，让孩子坐在自己大腿的位置上，这样孩子坐着会更舒服。那些另有居心的长辈可能会让孩子的屁股贴近自己的隐私部位坐着。

一般人抱孩子的时候，表达亲密的方式往往是摸摸胳膊、捏捏腿、掐掐脸蛋，夸赞孩子真可爱，而那些另有居心的长辈可能会将手越来越贴近孩子的隐私部位。

一般人拍孩子的手时，往往是轻轻地拍一拍，很少会来来回回地抚摸、摩挲，少数抚摸、摩挲的情况也是出现在血缘关系非常亲近的亲属之间，如果无血缘关系的长辈做出这种行为，就值得我们警惕了。

除了这些之外，我们还要警惕那些表现得过度喜欢孩子、总想要与孩子制造独处机会的人。

如果某个人非常关注你的孩子，同时他几乎没有自己的社交圈，不与其他同龄人交往，反而把大部分的时间和精力花费在你的孩子

身上，那就需要你提高警惕了。

他可能会总是给你的孩子送各种各样的礼物，利用各种各样的东西吸引孩子去他的家里玩，在活动中表现得与孩子毫无边界感。他可能会掀孩子的衣服，触碰孩子的身体，并且无论你是否需要，他都主动要求帮你接送孩子，他与孩子之间有属于他们的秘密……与此同时，孩子可能会开始反抗父母制定的规则，更愿意与那个人亲近……

虽然我们都愿意相信世界充满爱，但是遇到这样一个无私爱着你的孩子，任劳任怨不求回报的“大好人”，比中彩票的概率还要低。家中有儿女，我们必然要多多警惕，同时也要教孩子识别这些危险的信号，让孩子知道，如果感到不对劲，应该马上离开。

伺机而动，掌握有效的求救方法

我们在教导孩子勇敢反抗、勇于说“不”的同时，更要教会孩子审时度势。

我们可以告诉孩子，如果遭遇轻度的性骚扰，且身边有爸爸妈妈陪伴，那就一定要大声说“不”，丝毫不必害怕。但如果是自己一个人遭遇危险，就要想一些“妙计”来解救自己。

比如，如果与对方的力量悬殊，单凭自己一个人没办法对抗，就必须采取其他方式求救。在这种情况下，直接对着路人喊救命，路人可能会忌惮对方的力量而不敢上前，但是如果对着人群喊“爸爸妈

妈救我”，就有可能激发起围观者对孩子的父爱、母爱，获得帮助的概率就会更大……

还可以教孩子，在向陌生人寻求帮助的时候，可以针对性地向某个或某几个人求救。

当群体遭遇某一个问题时，每个人的责任是分散的，人们不愿意提供帮助，即便出现了最糟糕的结果，大家心中想的也是“法不责众，我们只是没有提供帮助，又没有犯罪，这件事与我无关”。但是如果孩子明确地向某个人求助，比如“穿白衣服的叔叔帮帮我吧！求求你了，快报警”，那群体的责任和所有人的目光就会集中在他一个人身上，如果他不实施帮忙，他就会遭受内心和群体的谴责。在这种心理压力下，他更有可能向孩子施以援手。

需要特别说明的是，如果那些对孩子伸出魔掌的长辈看起来并不强大，比如身材矮小，或者年纪很大，看起来一副弱不禁风的模样，那胆子大的孩子可能会觉得“我不怕他，我不一定打不过他”，这种想法是非常危险的。

一个只敢对小孩子下手的坏人，他的心理状态必然是不健康的，身体或者年龄上的缺陷只会让他的心理更加变态。

所以，爸爸妈妈还要教会孩子，在遭遇这种情况时，一定要想办法跑去人多的地方求助，或者乘其不备，偷偷溜掉。要学会凭借自己身形较小、灵活性强的优势，寻找合适的方式尽快离开。

爸爸妈妈要告诉孩子，并让孩子始终记得：遇到危险时，求助并不丢人，逃跑并不代表不勇敢。敢于与坏人周旋，机智灵活地向他人求助的孩子，就是智勇双全的小勇士！

警惕网络中的“伪装者”

“网友”可以说是让爸爸妈妈打起十二分警惕的存在。由于网络的隐蔽性，对方可以轻易地把年龄、性别等信息隐藏起来。

网络中见多识广、兴趣广泛、成绩优异的“模范少年”，在现实中可能是一个邋遢的中年人。他们用谎言吸引孩子，骗取孩子的信任，最后诱导孩子拍隐私照片、视频满足自己的变态欲望。

这些“网络恋童癖”人群往往善于伪装，甚至会很“贴心”地与孩子分享自己编造的成长经历，和孩子分享成长中的痛苦、迷茫，让孩子产生共情。

这也是大多数网络诈骗的第一步，毕竟一个阅历丰富、善解人意、成熟聪明的同龄人，是人人都渴望的理想朋友，连成年人都无法理智辨别对方的来意，更何况是未成年的孩子。

但是，在网络如此发达的时代，我们也不能因噎废食，不能因为有坏人存在就不让孩子上网获取知识、与网友交流。

孩子沉迷于网络世界，或者被虚假的网络人设迷惑，归根结底是因为他的精神无处安放，太多的烦恼无人倾诉，爸爸妈妈给他的压力没办法排解。

如果孩子小小年纪就见过太多人与人之间情感纠葛、两面三刀的例子，同学、朋友也不是他们安心倾诉的对象，这时候出现一个能理解他们的网友，很容易被孩子视为救命稻草。

面对这种情况，爸爸妈妈应该教会孩子不要在网络上过多地暴露个人隐私，尤其不要给网友发送自己裸露身体部位的照片、视频，更不要听网友指挥给对方发送带有性暗示姿势的自拍。

更重要的是，爸爸妈妈要做孩子的倾诉对象，让孩子心里有话的时候可以对爸爸妈妈讲。当孩子感觉压力过大的时候，爸爸妈妈应该给他安慰，而不是训斥他："供你吃，供你喝，供你读书，你能

有什么压力？”

父母与孩子是最亲近的，我们给孩子提供物质条件的同时，更要关注孩子的心理状态。不要让孩子凡事都避讳着爸爸妈妈，去向外界寻求安慰。

♂♀ 谨慎上网，不暴露个人信息

除了隐私照片、视频外，个人信息、家庭住址这类内容也不能轻易透露给陌生人。网络时代的信息既隐蔽又透明，有些人会通过日常照片中的地标建筑定位对方的家庭住址，这在很多未成年人被跟踪的案例中都有表现。

我们要让孩子相信，这个世界上大多数人都是积极友善的，但也存在一些坏人，所以防人之心不可无。无论是网友还是现实生活中结识的朋友，都不能轻易告诉他们自己家在哪儿。如果聊到这个话题，可以说个大概位置，不要什么都告诉对方。

如果孩子要和网友线下见面，家长最好能和孩子沟通，让孩子同意带上爸爸妈妈，或者其他可靠的长辈。我们可以不参与孩子的活动，但是孩子一定要在我们的视野范围内活动。

即便孩子要见的网友也是个孩子，爸爸妈妈也不能因为小孩天真无邪的外表而放松警惕，小觑其他孩子的恶意。欺负弱者是有些人与生俱来的恶劣本质，有些孩子会专门挑更小、更弱的孩子下手，哪怕他们素未谋面、毫无过节。

遭遇网络恐吓及时向爸爸妈妈求助

有些网络恋童癖人群会对孩子进行恐吓，比如“我知道你住在哪里，你要是不乖乖听话，不按我说的做，我就去你家找你！”“你发给我的这些照片可不是好孩子该发的东西，你要按我说的，拍视频给我，不然我就告诉你爸爸妈妈，告诉你周围所有的人！”等等。

被人找到家里、被人把自己做的“坏事”告诉周围所有的人，这对一个需要在网络中寻求心理安慰的孩子而言，无疑是晴天霹雳。遇到这种情况的孩子往往不敢反抗，更不知道如何处理，只能按照对方的指示做。时间久了，为了缓解内心的矛盾、冲突，孩子甚至会自我催眠，告诉自己这是在谈恋爱。

为了防患于未然，我们一定要让孩子知道，无论发生什么，爸爸妈妈都会永远站在他身边，爸爸妈妈会帮助他对抗坏人。

爸爸妈妈在家庭教育中一定不要向孩子传播“性是可耻的”“小小年纪什么都给人看是下流的、肮脏的”“和性有关的东西不能放到明面上讲，太丢人了”等类似的思想，这只会增加孩子对性的羞耻感，让孩子遭遇性骚扰时感到畏缩，不敢表达、不敢反抗。

我们要让孩子明确知道，不要害怕网络上的坏人，无论对方把自己说得多么神通广大，爸爸妈妈都一定会保护他。爸爸妈妈在保护孩子的时候就是法力无边的！遇到网络恋童癖人群一定不要顺从，把坏人的恶言恶行告诉爸爸妈妈，剩下的事情就放心交给爸爸妈妈和警察！

尊重自己和他人的隐私

尊重从每一件小事做起

在孩子的社交圈中，尊重自己和他人的隐私并不难，要做的事情也很简单。

在家庭中，爸爸妈妈与孩子可以约法三章：第一，爸爸妈妈不可以偷看孩子的日记，如果很想知道孩子在学校中发生了什么事，可以在空闲时间与孩子聊天；第二，在家中不可以出现偷窥、私拆他人信件、强行拆锁、在隐私区域安装监控等极不尊重人的行为；第三，自己的事情自己处理，像手洗贴身衣物这样的事情必须自理，非贴身衣物也尽量自己清洗、晾晒。

每个家庭成员都很忙，我们不能因为忙就把自己的事情都推给别人去做。

尊重是互相的，爸爸妈妈不可以强行窥探孩子的隐私，孩子同样也不能不尊重爸爸妈妈的隐私。孩子想要争取隐私权就一定要自立自强，让爸爸妈妈知道自己长大了，不再是那个万事都要依靠爸爸妈妈帮忙，没有一点隐私的小婴儿。

学校的情况要比家里复杂一点。每个孩子的成长环境不同，接受的教育也不同，为人处世的方法自然也有差异。比如，在家中当惯了“小霸王”的孩子可能会欺负其他小朋友，还可能会对其他小朋友的东西不问自取；有些不尊重人的孩子认为女生在生理期非常矫情，故作滑稽地学痛经的女孩捂着肚子走路。

小孩子很容易被同学影响，孩子可能会觉得某些行为很好笑，便跟着做；也可能会觉得某句脏话说起来很酷，便模仿他人说脏话。

这就需要爸爸妈妈教会孩子尊重他人，告诉孩子那些不尊重人的行为是非常低俗且无趣的。如果换位思考，站在受害者的角度，就会发现这些行为并不好笑，也一点儿都不酷。

真正的酷小孩应该帮助那些被欺负的小朋友，义正词严地谴责那些不尊重他人隐私，甚至拿他人隐私取乐的人！在力所能及的范围内对身处窘境的同学伸出援手，即便是小小的举动也可以给他人带来温暖，这种善良勇敢的小孩才是真正的酷小孩！

♂♀ 不信谣，不传谣

最值得我们注意的是无处不在的谣言。比如，有人会凭空对女同学造谣“她私下里一点儿都不检点，她跟好多男孩谈过恋爱，她道德败坏，她不是好女孩”。

这种谣言往往以诋毁他人为目的，但这样的谣言往往传播速度极快，能吸引更多的人看热闹。

还有人会夸大某些事情来取乐。比如，某位同学拿着自己很喜欢的零食边走边吃，突然零食掉在地上了，但是有包装袋的保护，所以这位同学捡起来继续吃。这时，一旁看到的人就会造谣“啊，你知道×××吗？他居然捡垃圾吃！我亲眼看到他把地上的东西捡起来塞嘴里”。

这种造谣半真半假，一部分是基于造谣者见到的事实，另一部分是造谣者扭曲出来的内容。这种谣言很难澄清，即便去找造谣者对质，也可能被他的诡辩“绕晕”。

毕竟他的目的只是取乐，在争辩过程中，他只需要想办法辩赢

对方，并不在乎真正的事实如何。

更有甚者，拿着不知道从哪里学来的“生理知识”，张口就编造其他同学的谣言。比如，“你看她每天打扮得那么好看，衣着那么暴露，一看就不是好女孩”“你看那个男生走路姿势好奇怪，一看就是个娘娘腔”……

面对各种各样的造谣者，辟谣很难，但是我们可以教孩子从自身做起，不听信谣言，不传播谣言，坚决不给造谣者捧场。

我们应该让孩子明白，在学校中遇到造谣者时，最稳妥的办法就是告诉老师和爸爸妈妈，让成年人去解决这些问题。同时自己也要和同学们团结起来。一个人面对盛气凌人、巧舌如簧的造谣者比较困难，还要担心造谣者对自己打击报复，但一群人的力量加在一起就很强大，哪怕是一个团结起来的“受害者联盟”也是很有力量的。

要相信，团结一致的小鸡也可以打败凶狠狡猾的黄鼠狼！

情景模拟

不要触碰我

爸爸妈妈可以搜集一些关于未成年人性侵犯、校园霸凌等方面的书籍、影音片段，然后根据孩子的阅读能力，酌情挑选一些适合的内容，陪孩子一起看。

看完后我们可以给孩子设置问题，比如：

老师摸你的大腿根部，这是可以的吗？如果这个人是爸爸妈妈的好朋友，他要摸你的隐私部位可以吗？这时你应该怎么做呢？

有一群坏孩子在学校里欺负你，如果你有能力反抗，你会怎么做？如果你一个人力量太弱没办法反抗，你会怎么做呢？

…………

通过这些问题，我们可以逐步引导孩子大声说“不”，并让孩子明白，无论是侵害未发生还是侵害已经发生，都要学会寻求帮助。

Part 5

正视孩子的心理发展

正视“性需要”

孩子进入青春期后，身体快速发育，有性反应是很正常的事情，爸爸妈妈应当正视这一生理现象，引导孩子科学、正确地面对自己的生理需要。

爸爸妈妈可以通过查找资料，帮孩子建立对性的正确认知。例如，带孩子了解两性生理结构，鼓励孩子在学习生物相关知识的基础上，通过上网查阅资料进行补充，使孩子对两性身体有充足的认识。还可以培养孩子的兴趣爱好，多进行户外活动，消耗精力。

爸爸妈妈不要禁止孩子了解性知识，更不要谈性色变。

在这个网络发达的时代，即便我们不对孩子进行科学的性教育，很多孩子也会从一些其他渠道，甚至不良网站上获得性知识。

网络中的信息有好有坏，不良网站上与性相关的内容更是畸形的，会对孩子的性心理、未来的性关系发展产生不好的影响。

与其让孩子像无头苍蝇一样摸索，不如我们自己主动教导孩子，助力孩子健康成长。

♂♀ 坦然面对身体的变化

爸爸妈妈还要告诉孩子，面对生理上的一系列变化，不必羞怯。每个人都要经历从少年走向成年的过程，这是很自然的。

无论男生还是女生，当私处开始发育、阴毛开始生长时，就需要及时更换更加合适的内裤，避免因为内裤太紧使阴部过于潮湿闷热，导致瘙痒等问题。还应尽量选用吸汗透气的纯棉材质，内裤的穿着舒适度比看起来好看更重要。

女生的胸部开始发育时，也不能再穿儿童背心，应根据胸部发育情况，科学测量胸围，更换合适的内衣。内衣过小会勒住胸部，不利于胸部的发育；尺码过大也不行，在运动的时候，胸部会感到非常不舒服。

爸爸妈妈在为孩子做好科学引导的同时，也要注意观察孩子的内心变化及内心需求。比如，有的孩子比较内向、敏感，即便内衣、内裤穿起来不舒服，可能也会因为害羞，不好意思找爸爸妈妈帮忙。这就需要爸爸妈妈及时发现问题，并让同性家长为孩子挑选合适的内衣、内裤。

在学校生活中，有些孩子会因为身体发育太早、性征太明显而烦恼，害怕被人嘲笑，每天穿着宽大的衣服；有些孩子则会因为身体发育太迟、性征一直不明显而烦恼，害怕被人歧视。

我们可以告诉孩子，我们的身体发育就像大自然中的花朵一样，有些花的花期比较早，有些花会长出高大的花茎，也有些花在溪桥边、草丛里倔强地开着小小的花。每一朵盛开的花都像美好的青春，而青春就是要迎风舒展，开得尽兴，开得坦坦荡荡，无惧他人的目光！

接纳不完美的自己

注意“青春期自卑”

每个孩子在青春期阶段都会有不同程度的自卑心理，会不自觉地与他人比较，认为自己不够优秀；会过度放大他人对自己的评价，变得敏感多疑、情绪波动大……

这些现象在青春期的孩子身上是非常常见的。之所以会出现这些现象，主要是青春期激素分泌旺盛、渴望获得关注的青春期性心理特征、学业压力等因素综合作用引起的。

虽说出现这种情况并不算多严重的事情，但是爸爸妈妈也必须重视起来。

自卑心理程度较轻的孩子可以自我调节，而严重些的孩子可能会变得厌学、厌世，甚至会在经历刺激后产生轻生的冲动行为。

近年来，少年因冲动而轻生的事件越来越多，某些地方接二连三地有初中生跳楼自杀。爸爸妈妈可能会很疑惑：明明学业压力最大的时期是高中，怎么才上初中就这么“想不开”呢？

在这里我们不能忽视青春期这一变量。一方面，现在孩子吃的很多食物、药品，日常接触的某些材料里，或多或少都含有刺激激素，加速发育；另一方面，随着社会科技的发展，孩子在上网的过程中会不可避免地接触到一些低俗信息、不良网站，诱导他们提早进行一些性尝试。

在各种因素的推进下，孩子的性发育越来越提前，青春期自然也随之提前，一些孩子在小学三四年级就迎来了月经初潮或初次遗精。

在这种趋势下，出现心理问题的孩子年龄越来越小也是一种必然。

所以，爸爸妈妈需要及时把自己的认知“更新换代”，因为自己当年的那些成长经验大部分已经不适用了。我们不能还抱着“高中生压力才大，你一个初中生能有什么心理问题”的想法去面对孩子。

爸爸妈妈要多关注孩子的生理变化，根据孩子的情况及时进入“青春期家长模式”，尽量不给孩子制造焦虑和压力。

爸爸妈妈应该在保持自身情绪稳定的前提下，尽量平和地与孩子谈心，了解孩子的近况。

♂♀ 培养“被需要感”

我们要让孩子知道，因为他们处于青春期，所以觉得自己不够完美、不够聪明优秀都是正常的心理。那些在他们眼中非常有魅力、非常优秀的同龄人，其内心也承受着“我是不是还不够完美”的煎熬。

我们经常能够在各种各样的短视频平台、新闻平台上看到“别人家的孩子”“满级少年”“天才少女”“仿佛带着前世记忆出生的天才萌娃”……其中，一些是天赋异禀的孩子，一些是爸爸妈妈培养得非常好的孩子，还有一些是炒作出来的互联网“神童”。在这个网络信息爆炸的时代，我们每天都能看到这些厉害的孩子，长此以往，可能会产生一种错觉——这个世界上怎么全都是这么厉害的小孩啊！

但是当我们的目光转向现实生活，转向自己身边的人，就会发现绝大多数人都是很平凡的。我们只是被网络信息蒙蔽了，被网络焦虑裹挟了。

所以，我们应该让孩子更多地去接触一些正面的、积极的信息，让孩子不要按照网络标准苛刻地要求自己，认为自己来到这个世界必须出人头地，要让孩子多看看那些现实世界中需要我们的人和事。

当孩子变得自卑时，爸爸妈妈可以多向孩子“示弱”，多请求孩子帮自己做事。注意是“请求”，而不是“命令”。要让孩子感觉到，这件事情非常需要他的帮助，没有他这件事就无法完成。

我们要培养孩子的成就感，不能去命令孩子，更不能在事后用“我即使随便命令个阿猫阿狗，它都能把这件事做好”的态度轻视孩子的劳动与努力。

对于有自卑、抑郁、消极厌世等情绪的孩子，爸爸妈妈要及时带孩子向专业人士寻求帮助，不要一味责怪孩子，逼孩子自信、高兴。也可以考虑给孩子养一只宠物，宠物可以让孩子获得充足的被需要感和无条件的爱，对调节孩子心理状态有很大的帮助。

如果家长经常与孩子发生冲突，那么家长最好和孩子一起接受专业人士的帮助。有时候，我们会在自己都没有意识到的情况下，说出一些伤害孩子的话，做一些伤害孩子感情的事情。旁观者清，如果专业人士能指出家长的问题，我们及时改正也是件于人于己都有益的事情。

♂♀ 培养孩子的兴趣爱好

我们有必要让孩子明白，世界上本就没有完美的人，每个人都有自己的长处与短处。与其为自己的不完美而长期焦虑、烦闷，不如去做一些有趣的事情锻炼自己。

爸爸妈妈可以根据孩子的兴趣，选择乐器、绘画、编程等课余爱好，给孩子报兴趣班，或者给孩子买好工具，让孩子上一些网络培训班。

当然，如果爸爸妈妈本身的特长和孩子的兴趣一致，可以亲自教学，寓教于乐。

值得注意的是，家长不要把“唯成绩论”带入到孩子的兴趣爱好中。孩子的世界里不只有学习和成绩，孩子对某样东西产生兴趣，也并不等于他在这个领域有天赋。

如果做某件事能让孩子获得快乐，那么即使他做得不好又怎么样呢？唱歌跑调的孩子有资格热爱音乐，把苹果画得像西红柿的孩子也有开开心心画画的权利。

快乐是没有门槛的。

我们可以把对孩子兴趣爱好的投入称为“快乐投资”。只要孩子能收获快乐，只要这份爱好能让他更自信、更开朗、更乐观，那我们的投资就是成功的。

爱自己比什么都重要

很多敏感、多疑、自卑的孩子都有一个共同特点，就是过于在意他人的评价。

他们小时候都有被爸爸妈妈以“怕你骄傲”为由，过度打击自信心的经历。比如，孩子考了高分，却被爸爸妈妈嘲讽“你考了 99 分有什么好骄傲的？你看看那些考满分的同学”；又比如，爸爸妈妈不想兑现许诺的奖励，于是贬低孩子“你这也不怎么样啊，怎么有脸找我要奖励的”，利用言语上的贬低将自己违反承诺的行为“合理化”。

在这样的环境中成长的孩子进入青春期后，会很自然地羡慕那些人缘好、有魅力的同学。为了让自己也被老师、同学们喜欢，他们会逐渐养成“讨好型人格”。在日常生活中，他们会变得小心翼翼，不敢拒绝别人，还会害怕帮助别人时没有做好，他人给自己负面评价。

这些孩子不知道，爸爸妈妈打击他，并不是因为他真的很差劲，而是因为他们想让孩子取得更好的成绩，或者只是因为不想兑现某些承诺。

这些打击行为都是有原因的，最好的结果当然是孩子能找到爸爸妈妈这样做的原因，然后去和家长沟通，告诉他们“我明白你们的意图，但我不喜欢这样的沟通方式，你们不要再这样做了”。可惜大部分时候，孩子都只会在精神上不断内耗，觉得自己真的好差劲，或者难过地感叹“为什么我没有一对好的父母”。

爸爸妈妈能在这方面主动做出改变是最好的。我们觉得孩子可以更优秀，也不必采用否定孩子努力的方式进行“刺激教育”。在该夸奖的时候给予夸奖，多给孩子一些正向反馈，并不会让我们有什么损失。

如果我们真的没有办法负担孩子想要的物质奖励，那一开始就不要对孩子做出承诺。其实，最令孩子感到难过的不是没有得到奖励，而是对爸爸妈妈的信任崩塌，对爸爸妈妈感到失望。

另外，我们应该让孩子明白，在校园生活中，被人喜欢的前提不是无底线地讨好他人。如果孩子仔细观察那些人缘非常好的同学，他便会发现，那些同学不是什么事情都愿意帮别人做的“老好人”。“老好人”只能在其他人有事情需要帮助的时候才能限时获得“好人缘”。真正受人喜欢的孩子，一定是有吸引力的人，他自己就是引力的中心，而不是围绕着其他人跑的追随者。

如果孩子能够自信、自立、自强，有自己的原则，有自己喜欢做的事情，能把自己变成闪闪发光的星，自然会有很多人喜欢他，和他做朋友。即使没有很多人喜欢也没关系。人生难得一知己，哪

怕只有一两个真正知心的好朋友就可以了。如果暂时没有，先好好爱自己也是可以的。

我们不妨告诉孩子，爱自己才是让其他人爱你的前提。

爸爸妈妈可以教孩子学会取悦自己，比如经常鼓励自己、赞美自己；适时地给自己小礼物作为奖励；完成了某些目标后就奖励自己去喜欢的地方做喜欢的事情。至于他人的评价就随他去吧，无论这个评价是好是坏。多听一分钟评价，就少一分钟享受快乐的时间，什么评价能比快乐重要呢？

提高孩子的“配得感”

所谓“配得感”，就是我配得上得到我所追求的东西。当我向某个目标努力的时候，不会质疑自己的能力与这个目标不匹配；当我想要某一个东西的时候，不会觉得自己配不上这个东西。

在一些家庭生活中，父母打压孩子“配得感”的言语很常见。比如，孩子说“我要考清华”，爸爸妈妈随口就说：“你看看人家上清华的都是什么样的人，你那个脑子能行吗？你看看你最近考试的那点分数，你有什么脸说这样的话？”可能这个孩子还没有开始为梦想努力，身边的人就已经把他钉死在“你不配”这三个字上了。

再比如，有的妈妈在带孩子逛商场的时候，孩子看到周围的人都拿着冰激凌，就对妈妈说：“妈妈，我也想吃冰激凌。”

这时，妈妈说：“吃什么商场里的冰激凌呀，这里的冰激凌多贵呀，你能不能懂点儿事？别人吃你就要吃，你和人家能一样吗？你知不知道爸爸妈妈上班有多辛苦，赚钱有多不容易？”

跟这位妈妈相似，很多爸爸妈妈抱怨归抱怨，最后一般都会给孩子买，但是他们不会让孩子开开心心地去享受这个冰激凌，而是会在语言上给孩子增加负担。

长期在这样的言语环境下长大的孩子，即使他吃到了那个冰激凌，也会觉得“我不配享受，我享受是有罪的”。

等这些孩子成年后，要么会报复性地消费，补偿自己童年时期没有得到的东西；要么从小到大都压抑自己，即便自己上班赚了钱，也丝毫不敢给自己放松享受的机会，觉得自己“不配享受”。

很多爸爸妈妈感到委屈，觉得自己明明已经对孩子很好了，孩子却总是不领情，就是因为他们没有在言语情感上给予孩子关爱。

既然已经为孩子买单了，为什么不能让孩子在语言和精神上获得同物质享受一般的快乐呢？

所以，在面对孩子的要求时，我们可以先思考，“这个要求我要不要答应”，如果确定自己最终会答应这个要求，那就开开心心带孩子去做，不要说无关的话伤害孩子的情绪，更不要让孩子在得到的同时又带着负罪感。如果确定自己不会答应，也可以耐心向孩子解释原因，争取得到孩子的谅解。

我们应该让孩子知道，每个人在这个世界上都是平等的，没有谁配得上、谁配不上这样的规则。

梦想、幸福、阳光、鲜花、掌声……我们配得上这世上所有的美好！

我“不正常”吗？

什么是性身份障碍？

性身份障碍是指一个人在心理上不认同自己本身的生理性别，对自己的生理性别感到不适，甚至是厌恶，同时对另一性别表现出强烈的认同与向往。

比如一个人生理性别为男，但他认为自己是一位女性，并且非常讨厌自己的男性身份，甚至厌恶自己的性器官。这时，他可能会通过留长发、穿女装等女性化的行为方式，让自己在心理上达到性别认知平衡。

性身份障碍在人的童年阶段就会表现出来。在童年时期，孩子会坚定地认为自己是另一个性别，喜欢与异性同伴玩耍，痴迷于异性小朋友的服装、玩具。他们会在日常生活中表现出更多属于异性特征的行为，并在与同性玩伴相处时感觉不自在，对自己的性器官明确表示厌恶。

等到进入青春期，身体开始发育，性征的发育会让性身份障碍者感到更加痛苦，更加厌恶自己的身体，甚至会服用性激素来抑制并改变身体发育。比如，有的男性会服用雌激素，以求让声音变得更加尖细；有的女性会服用雄激素，以刺激喉结发育，促进体毛生长。

长期生活在这样的状态下，具有性身份障碍的人不可避免地会遭受很多异样的眼光与非议，人也会变得更加敏感。

这时，焦虑、抑郁、社交困难等问题很可能就会接踵而至。

当他们的心理状况越来越糟糕，通过手术改变这种困境的想法就会越来越强烈。他们会非常渴望通过手术去除自己的性征，或者希望通过手术变性，部分人还会产生自杀的想法。

如何面对性身份障碍

出现上述情况的原因非常复杂，人们至今还没有找到准确的答案。遗传、激素、发育异常、家庭教育、社会环境等都可能与性身份障碍有关。

值得爸爸妈妈注意的是，一定不要在孩子年纪小的时候模糊孩子的性别概念。比如觉得孩子还小，就让男孩穿裙子，或者为了图方便，带孩子去异性公共厕所、公共更衣室等。

这些行为很有可能会让孩子对自己的性别认知产生疑惑，出现性身份障碍、异装症。孩子成年后还可能会恐惧成熟的异性身体，从而无法进行正常的性行为。此外，还可能会产生同性恋倾向等情况。

虽然导致性身份障碍的原因还没有找到，但我们可以力所能及地给孩子营造一个健康的家庭环境，尊重孩子的性别。

需要特别说明的是，并不是出现了前面所说的症状就一定是性身份障碍。有时出现以上情况，可能只是孩子对异性比较好奇，可能是为了让自己看起来更“酷”，也可能是为了跟风赶潮流。这些都是暂时的，并不会长期伴随孩子。只有症状维持六个月以上才能被判定为性身份障碍。

如果孩子真的出现了性身份障碍，爸爸妈妈首先要对孩子表现出理解和包容，然后带孩子积极寻求心理治疗。

如果孩子的情况已经达到一定程度，单凭心理治疗无法稳定，或者孩子迫切地想要在生理上变成异性，甚至做出了针对性器官的自伤行为，那爸爸妈妈一定要重视起来，必要时也可以带孩子寻找专业的医院进行手术，避免孩子私下里做出自我阉割、自杀等行为。

爸爸妈妈千万不要嘲讽孩子、歧视孩子。父母的一句“我看他没什么事，就是装的”可能真的会要了孩子的命。也不要总说孩子不正常，强迫孩子去“接触正常人”“融入正常人的世界”。

爸爸妈妈的轻视和不信任往往是压倒孩子的最后一根稻草。而父母强制孩子社交，一方面，这种被迫的社交会让孩子感到非常痛苦；另一方面，孩子既然厌恶自身的生理性别，那就很难与那些生理上的同性别群体正常接触。在群体中，一个格格不入的孩子很可能被霸凌，等到孩子出了事就追悔莫及了。

尊重自己，尊重他人

正确面对嫉妒与被嫉妒

竞争不只存在于成年人当中，在孩子之间同样存在着竞争和嫉妒。一旦孩子因这种竞争心理走入歧途，那必然会产生很严重的后果。

在学校里，性格孤僻、不爱说话、不拉帮结派、成绩优异的同学更容易遭受校园霸凌，因为比起那些单纯性格孤僻、懦弱的同学，学习好的孩子还多了一项“成绩光环”。

在成绩光环的加持下，孤僻就会被解读成高傲、目中无人，容易遭人记恨。一些成绩差却不愿意付出努力考取高分的孩子，就会因嫉妒而组成小团体霸凌这样的同学。

同学做了好事，获得了老师的夸赞，有的孩子会因此产生嫉妒心理，嘲讽这位做好事的同学。

嫉妒是很正常的，我们要引导孩子正确处理这份嫉妒心，让孩子明白，不能因为嫉妒就去欺负、霸凌别人。

如果嫉妒成绩好的同学，那就努力在考试成绩上超越他；如果嫉妒做好事被褒奖的同学，那自己也去做好人好事获得夸赞；如果嫉妒同学拥有某样物品，那就向爸爸妈妈提出来，通过参与家务等方式，用自己的努力去换取；如果在某方面比不过别人，那就努力超越对方，或者发展自己的其他特长，让自己的长处熠熠生辉。

爸爸妈妈一定要告诉孩子，不能因为嫉妒同学，就采取欺负、霸凌等极端手段对待他人。这类手段不是嫉妒攀比，而是纯粹的恶毒，是犯罪。

我们要与人为善、尊重他人，这样做也是在尊重我们自己。

尊重是相互的

我们要让孩子明白，尊重是相互的，我们要做善良正直的人，但这不代表我们就要任人欺负。如果有人先表达了对我们的不尊重，那我们也没必要尊重他们。

比如，有些亲戚朋友一见面就会攀比炫耀自己孩子的学习成绩，通过对比去打压别人家的孩子，哪怕孩子才上小学。好像他们通过那张薄薄的成绩单就能判定两个孩子的一生，指着孩子高谈阔论、捧高踩低。

这种对比会让孩子非常焦虑，因为每个孩子都想成为家长的骄傲，不想被别人家的孩子比下去。

有些孩子拼了命地要证明自己，结果越想证明自己，考试就越焦虑、紧张，考试结果也越不理想。

其实，那些不尊重人的话根本不必在意，因为他们只是想把成

年人之间的嫉妒、攀比借孩子的成绩抒发出来罢了。

因此，爸爸妈妈应该多注意孩子的情绪，在遇到如上面例子中的事情时，及时站出来保护孩子。我们让孩子尊重别人的前提是对方也必须尊重我们的孩子，不能因为孩子年纪小就强迫他们对那些不尊重自己的人始终以礼相待。

每个孩子都有自己的优点和长处，都是父母的宝贝，我们不会因为孩子的长处去打压别人家的孩子，也决不允许别人随意践踏我们的孩子。

心理健康与生理健康同样重要

关注孩子的心理成长

爸爸妈妈在为孩子的成长感到喜悦的同时，也要将更多的注意力放在孩子的心理上，注意培养孩子正确的三观，给孩子更多的理解与陪伴。

如今的孩子身体发育较快，在生理上更加早熟，这就造成了孩子的心理发展不能与自己的生理发展相匹配。

在青春期这个情绪波动剧烈的阶段，爸爸妈妈可以教给孩子一些贴近生活、简单实用的心理技巧。

我们要教会孩子接纳自己的情绪，无论是快乐还是悲伤，都要坦然面对。没有人是一直快乐、幸福的，人总要经历一些低谷期。

我们不能判定一个消极、低沉的人就是“罪恶的”，也不能要求一个人永远阳光向上。我们要告诉孩子，难过了就大声哭出来，委屈了就去找个地方放声大喊，把心底的郁结抒发出来，就算鼻涕、眼泪流成一团也没什么，能够正视自己的情绪并将它发泄出来，就

是很厉害的孩子！

我们还要教会孩子如何面对挫折。随着孩子年纪的增加，有些爸爸妈妈会发现，孩子升学后成绩没有之前那么好了，学习态度也大不如前。

比如，当孩子升学换了新的环境，一时间难以适应，几次考试成绩都不理想。明明已经很努力了，但就是见不到学习成果，多次经历失败的孩子难免产生厌学心理。

当孩子因受挫而萎靡不振时，我们可以告诉孩子，一次、两次的失败没有什么大不了的，人生的路还很长，即便失败了一次、两次，我们还有第三次、第四次赶超别人的机会。

人可以失败，但不能失去斗志。

当然，爸爸妈妈也不应该刻意为孩子制造挫折。比如很多家长奉行“对比教育”，常常将别人家的孩子挂在嘴边。当自己的孩子取得成功期待得到夸奖时，常常以其他小朋友的例子来对孩子进行打压，斥责孩子做得还不够好、取得一点成绩就骄傲、一点都不谦虚……

对于承受能力没有那么强、内心比较敏感的孩子来讲，夸奖是十分必要的，及时给孩子正向的回馈，才能更好地培养孩子的自尊心和自信心。作为家长，我们不妨常夸夸自己的孩子，少提别人家的孩子。

此外，我们还要注意孩子在青春期的一些“特殊情况”，比如早恋。当然，发现孩子“早恋”时，不要采用打骂、监视等过激的方法解决问题，以防激起孩子的叛逆心理。

一般来说，爸爸妈妈越是百般阻挠，孩子越会觉得他们情比金坚。

当孩子出现这种情况时，我们要把孩子当成一个平等的成年人看待，心平气和地与他讨论“什么是爱情”“什么是爱情的现实基础”“早恋有多少种可能的结果”等等，让孩子明白爱情不是青春期的一时冲动，不是两个孤独小孩之间的游戏，更不是赶“大家都谈恋爱我也谈”的潮流。

爱是带有责任的，是我希望我爱的人变得更好，也希望我自己变得更好，能与之并肩行走。如果真的喜欢彼此，可以各自努力，等到两个人都考上了心仪的大学再去谈恋爱，那时候就是老师、家长都祝福的“适时恋爱”了。我们有必要劝告孩子，不要在自己一生中最重要的学习阶段里，因为所谓的“爱情”浪费自己的精力和时间。

用同理心换位思考

很多爸爸妈妈会觉得，随着孩子越来越大，自己和孩子越来越难以亲近。其实，在孩子的成长过程中，爸爸妈妈只要做到将自己代入到孩子的立场，就能离孩子更近。

我们可以先看一个错误示范：家中有带着孩子一起到访的客人，爸爸妈妈把自家孩子的玩具拿给别的孩子玩，甚至因为客人的孩子喜欢就直接送给他。

等到自家孩子回来发现玩具没了，询问爸爸妈妈的时候，一些爸爸妈妈也不觉得自己的行为有错，反而狡辩：“送人就送人了呗，

你都多大的孩子了，还玩玩具。大不了我明天再送你个新的。”但是对孩子而言，这个玩具可能是他攒了很久的零花钱才买来的，可能是某一年过生日的时候爸爸妈妈送给他的礼物，也可能是同学之间的赠别礼物。这个玩具可能具有某种特殊的意义，是他无论多大年纪都会珍视的宝贝。即使没有什么特别的意义，未经物主允许就擅自将他的东西送给别人，本身就是一种非常不尊重人的行为。

正确的做法应该是：爸爸妈妈在做某件事之前，先考虑“我的行为是否尊重孩子”。如果这件事你不会对一个独立的成年人做，那也不要对自己的孩子做。之后可以接着思考“我这样做后，孩子会怎么解读我的行为”，站在孩子的角度去设想一些可能的理解。最后，家长可以想想，“我要向孩子解释自己为什么会这样做，打消孩子可能会有的一些误解”。

当孩子情绪低落或者情绪过于激动的时候，爸爸妈妈也要站在他的角度去理解他的情绪。

比如，当孩子考了高分，激动地在客厅手舞足蹈，这时我们一定不要打击孩子，说一些“不就是考了一次高分吗，瞧你激动得像什么样子？再说了，这个分数也不是特别高呀”之类的话。

我们可以代入自己想想，假如我们努力了很久，终于得到一个满意的成绩，我们也会非常开心。这个时候，如果谁向我们泼冷水，说一些挖苦的话，我们的好心情也会被破坏。如果这个泼冷水的人还是我们最亲近的人，那这一盆冷水浇下来便可能是浇了个“透心凉”。

凡事都要以尊重孩子为前提。当孩子高兴的时候，我们就陪他一起高兴；当孩子难过的时候，我们就陪在他身边，安慰他。

如果我们是这样的爸爸妈妈，孩子怎么会不和我们亲近呢？

小游戏

不完美才是完美

游戏材料：白纸、铅笔、彩笔。

爸爸妈妈和孩子仨人各拿一张白纸，都在白纸上用铅笔画一条长度相同的线段，然后在脑海中思考一个问题：你认为一个完美的孩子应该是更活泼的、更聪明的、更安静的，还是应该稳重得像个小大人一样？

想好后拿起彩笔，在线段上涂色。

红色代表活泼，绿色代表聪明，蓝色代表安静，棕色代表稳重。你认为一个完美的孩子应该更多地具有哪种特点，就在线段上用对应的颜色分配更多的空间。

涂好色后把所有人的纸放在一起，排成一行，对比看看谁更偏爱哪种颜色、更喜欢哪种特点。

对比完就会发现，每个人画的颜色都是不一样的，大家眼中的完美小孩是不同的，可见完美并没有固定的标准。

或许我们眼中不够完美的孩子，在某些人眼中就是最完美的小孩！就像我们不能让所有人都喜欢，但一定会有人喜欢我们一样。

Part 6

孩子一生中最重要的课

言传身教，与孩子保持良性沟通

建立亲子间的信任感

在性教育过程中，我们首先要做的就是建立与孩子之间的信任感，要让孩子觉得自己的爸爸妈妈是最可靠的，有什么疑惑和心事都可以向爸爸妈妈倾诉，爸爸妈妈会为他严格保密，并给他提供建议和帮助。

我们可以与孩子约定，在一周中的某一天进行一次家庭谈心会。注意不要聊说教性的内容，更不要只聊学习成绩，尤其是在孩子学习成绩不好的情形下。

每个家庭成员都可以敞开心扉，讲一讲自己这一周内的见闻、趣事和烦恼，互相提建议，并认真分析每个建议的可行性。注意不要单纯地催促孩子去讲他的经历，爸爸妈妈要营造一种轻松、坦诚的氛围，带头分享自己的故事，用氛围带动起孩子的分享欲。

长期坚持下去，不但能够培养亲子之间的信任感，还能锻炼孩子的表达能力。

我们也可以带孩子进行一些户外亲子活动，在活动中培养与孩子的默契和信任。

有了这份信任感，当孩子遇到自己解决不了的困难、进入青春期后有性方面的困惑时，就会很自然地向爸爸妈妈寻求帮助。

♂♀ 言传身教，潜移默化地影响孩子

对于性教育中的性卫生、尊重隐私、尊重他人等，爸爸妈妈是完全可以在家中通过言传身教培养孩子。

在注重卫生方面，当孩子具有自理能力的时候，爸爸妈妈就可以带着孩子一起手洗内衣、内裤，培养清洁的好习惯。至于讲究个人卫生的各种具体细节，爸爸妈妈在家中做好示范，孩子自然就能学会保持个人卫生。

在尊重隐私方面，爸爸妈妈在家中就要培养孩子的隐私意识。比如进爸爸妈妈的卧室前要先敲门，不可以没有礼貌地闯进来；爸爸妈妈的东西，不可以不问自取，要获得爸爸妈妈的同意才能拿；爸爸妈妈换衣服的时候也要自觉回避孩子，不要让孩子在旁边看。

我们要求孩子做到这些的同时，自己也要对孩子做到这些事情，与孩子互相尊重。

至于尊重他人方面，只要爸爸妈妈能做到互相尊重、互相照顾，孩子自然也能够对他人保持尊重，学会照顾他人。如果爸爸妈妈在家中互相争吵、彼此轻视，孩子也会学到这样的相处模式。比如，如果爸爸总对妈妈说“你们女人就是矫情，天天哭哭啼啼的”，孩子在学校里就有可能会对其他女生说出类似的话。

孩子不是生来就会歧视、嘲讽他人的，如果一个孩子不懂得尊重他人，那么他身边一定有不懂得尊重他人的成年人。

爸爸妈妈要牢牢记住：无论多么天花乱坠的说教，都不如亲自给孩子做好言行示范。家中有良好的言行榜样，才是孩子学会尊重的关键。

保持情绪稳定，让孩子敢于倾诉

最后，爸爸妈妈要注意自己的情绪，努力做一个情绪稳定的成年人。当自身情绪出现问题时，要想办法发泄出来，而不是郁结于心，或者无意识地把自己积压的情绪发泄给孩子。

比如，家长在外工作一天，心里有很多委屈，和爱人之间又产生了一些矛盾，可是在外面要强撑着不让自己情绪崩溃，等回到家，发现孩子没写作业而是在看动画片。这时，家长积压了很久的怨气就在一瞬间找到突破口。家长把所有的情绪全部发泄到孩子身上，对着孩子就是一通责骂。

有些时候，孩子可能只是不小心打碎了某样东西，就触碰到了爸爸妈妈的情绪开关，迎来呵斥。

这类情况是非常可怕的，因为孩子受到的惩罚和他所做的错事是严重不匹配的，一个小小的错误却受到一顿严厉的指责。

长此以往，孩子会变得无论遭遇了什么，都不敢向爸爸妈妈倾诉，因为他不知道什么会让爸爸妈妈突然间情绪爆发。

一点小错误，甚至可能没犯错误都会莫名其妙挨骂，那么如果告诉爸爸妈妈自己有暗恋的人或者自己遭遇了校园霸凌，那又会遭到怎样的言语羞辱，甚至会不会被责打呢？

作为家长，我们应该积极地改变自己。情绪不好的时候就去寻找不伤害他人的发泄方式，比如去 KTV 大声唱歌、去做一些有氧运动，或者找个空间，等自己情绪平稳后再回家，千万不要把情绪发泄到孩子身上。

爸爸妈妈就像一艘大船，如果这艘船是不稳定的、随时随地都可能翻沉，那孩子怎么敢靠近这艘船呢？连接近都不敢，又怎么向爸爸妈妈倾诉呢？

每一个孩子都是独一无二的

每个孩子都是家里的宝贝

为了让孩子更好地融入集体生活，我们要教给孩子人人平等的观念。

有些爸爸妈妈可能会发现，自己的孩子在家里横行霸道惯了，等到进入校园后，出现了和其他小朋友之间矛盾不断，经常被老师找家长的情况。

还有的孩子对自己的课桌、学习用品等有非常强的“领地”意识，不允许任何小朋友侵犯他的“领地”，但是自己却一而再、再而三地侵犯其他小朋友的“领地”。

有的孩子在上学前，爸爸妈妈觉得自己家孩子不可能在学校里被人欺负，结果等到孩子上学后，发现孩子四处欺负别人，像小霸王一样到处惹事，令人头疼不已。

孩子出现这类情况，往往是因为家中溺爱，所有人都宠着孩子，孩子想要什么就给什么。等到孩子上学后，他在与人相处时，很自然地沿袭自己与家人相处的方式。但是老师和其他小朋友不可能一

味地包容他、忍让他，所以起冲突就不可避免了。

想要解决这个问题，家长需要让孩子意识到，每个人都是平等的，想要融入集体，就要学会尊重他人，懂得分享。

比如，在家中，爸爸妈妈不侵犯孩子的“领地”，孩子也不能随意进入爸爸妈妈的房间。要教会孩子尊重他人空间，不允许他任性而为。

又比如，让孩子学会吃东西时与爸爸妈妈分享，让孩子感受到分享后的喜悦，不要让孩子觉得有些东西就应该他独享。

通过这样的练习，父母可以让孩子明白，爸爸妈妈与他之间是平等的关系，进而让孩子明白，人与人之间也是平等的。

每个人都是自己爸爸妈妈的宝贝，没有谁应该让着谁，更没有哪个小孩可以一直做“小霸王”。

让孩子从小学会平等待人、友善待人，是我们为孩子接触社会所做的最好的准备。

我们让孩子学会保护自己的同时，也要让孩子时刻牢记友善待人。

有些孩子为了让别人惧怕自己，会在校园里做“大哥大”“大姐大”。他们认为这是一件非常有面子、非常酷的事。自己身边每天围着一群“小弟”，其他同学见到自己会急忙退到一旁，自己走的路都比别人宽敞许多。但这种行为并不酷，本质上就是恃强凌弱、以多欺少。

真正的勇者是那些敢于在同学被他人嘲笑时站出来的人，是敢于在同学被他人霸凌时伸出援手的人。

我们应该让孩子明白，真正的强大并不是有多少人畏惧我们，而是我们能够在力所能及的范围内帮助多少人。平等待人，对世界报以友好态度的人，自然能得到很多人的尊重。

事实上，当面对嘲笑与霸凌时，更多的孩子是处于旁观者的位置。一方面，他们不敢上前帮忙，害怕自己也被嘲笑、被欺负，但只要有人带头上前帮忙，他们也愿意伸出援手；另一方面，如果迟迟没有人带头上前帮忙，他们看着同学被霸凌又会于心不忍，内心煎熬。

成年人在工作、生活中也有相似的情况。当我们看到身边的人遭遇骚扰、职场孤立时，可能也会有跟这些孩子相似的心理活动。

我们不妨告诉孩子，如果大家都互相等待，看谁先伸出援手，自己再“跟风”，那可能等到霸凌事件结束都不会有人上前。总要有人迈出第一步，为什么迈出第一步的这个人不能是我们呢？

害怕被欺负的孩子可以手拉手一起上前，一个人或许会招来报复，但是大家一起帮忙，人多力量大，那些霸凌同学的人就会处于劣势，就会害怕大家的力量。

我们在日常生活中，除了要严格要求孩子不霸凌别人，也要教孩子在他人遇到霸凌时勇敢地伸出援手。

什么是“性侵害”？

“性侵害”包括哪些行为？

性侵害是一个比较大的概念，简单来说，所有违反他人意愿的性接触或强迫性性行为都属于性侵害的范畴，包括强奸、猥亵、性骚扰、性虐待等。施害者选择的施害对象往往是力量上的弱者，比如妇女、儿童、老人、残障人士、醉酒失去行动力的人等。

乍一看“性侵害”三个字，我们可能觉得这是一件离自己很遥远的事情，但事实上性侵害离我们每个人都很近。比如，别人抚摸你的隐私部位、强制接吻、故意露出下体强迫你观看……这些都属于性侵害行为。

如果受侵害的是 14 周岁以下，不具有完全民事行为能力的孩子，那么无论是否得到孩子的同意，都是对未成年人的性侵害行为，必须受到法律的制裁。

通常我们认为性侵害的受害者多为女性，但事实上，男性也会遭遇性侵害，并且由于社会认知、性别刻板印象等原因，男性遭遇性侵害时往往更不敢公开。所以爸爸妈妈不要觉得“我家一个小男孩有什么好怕的”，小男孩也会遭遇性侵害，而且很多恋童癖人群都偏爱对

小男孩下手。无论是男孩还是女孩，我们都要教会孩子警惕性侵害。

此外，我们还要向孩子明确一点：在性侵害中，有罪的是加害者，是他们恃强凌弱、心理扭曲、品行败坏……无论他们经历过怎样的心理创伤，都不能作为他们实施犯罪的理由。

受害者是无罪的，受害者的衣着打扮不是人们攻击他的理由，那些高举受害者有罪论的人无疑是加害者的帮凶。

性侵害本身会给人造成严重的身心创伤，帮凶们对受害者的造谣、传谣、指指点点则会对受害者造成更持久的心理伤害。

我们警惕性侵害的同时，更要警惕自己变成加害者们无形的帮凶。

“性虐待”的可怕

在性侵害的众多类型之中，性虐待是较为特殊的一种。

初级的性虐待者往往会采用啃咬、鞭打等简单的方式对待受虐者，但慢慢地，性虐待的方式会升级，最后甚至有可能威胁人的生命。

当性虐待者的目光转向儿童，儿童幼小无助的表现往往更能刺激他们。这种强者对弱者的掌控感，往往会使他们更加兴奋，性虐待的方式也会更加残忍。

在生活中，如果我们遇到具有性虐待倾向的人，一定要打起精神，尽量远离他们。

这不是对孩子的要求，而是对爸爸妈妈的要求。在针对儿童的性虐待案例中，有大量案例的施害者是家庭成员或邻居、朋友。

所以，爸爸妈妈在与人交往时一定要擦亮眼睛，尽量不要让孩子单独与其他成年人处于同一密闭空间。

如何帮助孩子防止“性侵害”？

认识性侵害的各种手段

性侵害者往往会采用恐吓、威胁、谎言欺骗、言语诱导等方式进行性侵害。比如，有些罪犯会采取威胁的方式，在发现孩子犯了某些错误时，就威胁孩子说“你要是不让我摸摸你，我就把你犯的错误告诉你的爸爸妈妈”，这时，害怕被爸爸妈妈惩罚的孩子很快就会妥协。

有些罪犯会采用暴力恐吓与利诱结合的方式，对孩子说“你要是敢反抗，我就打你；如果你配合我的话，我就给你买好吃的、好玩的”。孩子也会分析利弊，毕竟挨打是很痛的，配合却能得到想要的零食和玩具。对比之下，孩子很容易选择配合。

还有一些人会把自己的侵害行为用正当理由包装起来。比如在教师性侵孩子的例子中，有些人最开始会哄骗孩子“老师喜欢你，老师爱你，所以才会这样对你”。

我们要教孩子学会分辨言语背后的目的，认清那些藏在花言巧语后的狰狞面目。

时刻保持警惕

我们要教育孩子“防人之心不可无”，如果一个陌生人毫无理由地对自己好，经常大献殷勤，那一定要保持警惕。

除了对人保持警惕，还要警惕一些事情和地点。比如，尽量不要一个人走夜路，警惕热情邀请你的免费顺风车，警惕陌生人请你喝的饮料，警惕陌生人或刚认识不久的朋友邀你去他家里玩……为了自己的安全，一定要敏感一些。

此外，我们还要提醒孩子注意防范网络引发的性侵害，不轻易对他人透露自己的真实情况，比如真实姓名、家庭住址、学校班级……

爸爸妈妈平时也要注意，尽量不要让孩子与任何一个成年人单独处在密闭空间之中，尤其是那些毫无来由地对孩子非常好的人，小心“无事献殷勤，非奸即盗”。

审时度势，根据情况采取行动

我们要教会孩子根据情况采取自救行动。如果在人多的地方，可以通过大声喊叫阻止性侵害。比如，在公交车、地铁上遭遇猥亵者，对方凑近来不怀好意地抚摸我们的身体，或贴过来摩擦我们的身体，我们就可以通过大声喊叫的方式阻止他，然后及时报警。

因为公交车、地铁上的人数比较多，我们的安全是有保障的，

大喊大叫可以吸引更多的注意力，让对方停止侵害。

对方可能会狡辩“人太挤了，谁故意摸你啊，你长得好看啊”，因为他想利用对我们样貌的攻击，让我们产生自我怀疑，从而让他看起来更加无辜、更理直气壮。

对于这种情况，我们也不必恼羞成怒，更不必与他争辩，可以直接告诉他“如果觉得委屈，警察来了给你主持公道，你只要别心虚逃走就可以了”。

如果侵害者逃走，我们在下车后要注意走人多的地方，不要走僻静的小路，避免被猥亵者跟踪报复。

如果在仅有自己和坏人的密闭空间里遭遇性侵害，要尽量拖延时间，不激怒坏人，同时想办法利用周围的工具与环境逃出去。

如果我们实在无法逃脱性侵害，也不要激怒坏人，努力记住遭遇侵害的地点，以及施加性侵害的人的体貌特征，脱险后保留证据，报警抓坏人。

如果是陌生人随机作案，短时间内不能确认对方身体状况如何、是否有传染病，在发生性行为后一定要及时服用艾滋病阻断药物。并且，如果遭遇性侵害的孩子已经有过月经，发生性行为后要及时服用避孕药。

总之，我们要让孩子牢记以下内容：在生命安全有保障的情况下，孩子要勇敢反抗；在难以获得其他人帮助或身边没有其他人的情况下，要做的就是稳住坏人的情绪，以逃跑为主要目标；如果跑不掉，那就以保护自己的生命为主。只有活下来，才能将坏人绳之以法。

不要怕，爸爸妈妈永远是你的后盾

做孩子的守护神

在生活中，爸爸妈妈要给足孩子安全感，让孩子知道无论在学校、社会中遇到什么问题，都可以告诉爸爸妈妈、询问爸爸妈妈的意见。如果孩子遇到一些自己难以处理的事件，可以安心站在爸爸妈妈的身后，让爸爸妈妈保护自己。

在平时教育孩子的过程中，我们要保证每一次的责罚，无论大小，都让孩子明确知道原因。不要让孩子觉得，爸爸妈妈不管遇到什么情况都只会责备自己。

当我们还不知道孩子做了什么事、为什么这样做的时候，千万不要先发脾气。这样会使孩子没有安全感，严重破坏亲子间的信任。比如，有些爸爸妈妈被老师叫到学校，是因为孩子见义勇为，阻止其他同学欺负弱小，才与同学发生争执，但是家长不分青红皂白，一见到孩子就先打骂一通，这显然会伤害孩子。

我们要做一个讲道理、理解孩子、温暖、可靠的守护神，这样，孩子在遇到困难时才愿意求助于我们、依靠我们。

无论何时，家都是最温暖的港湾

生活在这个世界上，爸爸妈妈要教会孩子的东西还有很多很多。我们不可能立刻把所有为人处世的道理、保护自己的方法都教给孩子，但是我们可以给孩子搭建一个心灵的港湾，不断温暖他、给他力量，然后再慢慢地把各种经验、教训传授给他。

构建温暖的家庭氛围并不难，关键是我们要树立“能够给孩子营造美好的家庭港湾，给他足够的温暖和安全感”的信念。比如，我们可以经常给孩子拥抱，开心的时候拥抱，难过的时候也抱一抱、拍拍背。拥抱和抚摸可以让人感到温暖和安全，有助于释放不良情绪，缓解紧张感。经常拥抱还可以增强免疫力。

在给孩子温暖的同时，尽量少给他们压力，多尝试理解他们。

其实，孩子大多时候对自己的成绩水平是有认知的，但他还是会渴望得到爸爸妈妈的肯定。哪怕我们觉得孩子某些方面做得不好，也可以挑一些值得被夸赞的点称赞孩子，并在合适的时候引导、帮助孩子解决问题。

父母都是爱孩子的，但是有时候，比爱更重要的是学会表达爱。爸爸妈妈千万不要一边在行动上努力靠近孩子，一边又在言语上把孩子推得越来越远。

孩子感受到爱，才能安心地停泊在家的港湾里。只有感受到爱，孩子才不会觉得自己孤独无依。

当我们给足孩子温暖和安全感，让孩子知道他有一个坚实的后盾，孩子自然会乐观勇敢地向前冲。

情景模拟

一样的话，不一样的含义

爸爸妈妈搜集一些性侵害的情境，与正常的情景组成一组，进行对比。让孩子去理解，同样的话在不同的情境下有什么不同的含义。

比如：

（1）假如你是一个 4 岁的孩子，你的幼儿园老师看你出色地完成了一个游戏，高兴地为你鼓掌，说：“宝贝真棒，老师好喜欢你呀！”

（2）假如你是一个 10 岁的孩子，你的老师单独把你带到他的办公室，看着你解答了一道题，用手摸摸你的脸，说：“宝贝真棒，老

师好喜欢你呀！”

然后，我们就可以向孩子提出问题：两位老师说的都是一样的话，他们的意思相同吗？你觉得他们的行为合适吗？

如果他们的行为令你感到不适，你接下来会怎么做呢？你会如何向爸爸妈妈讲述这件事情呢？

每向孩子描述一组情境，就要向孩子提出相应的问题，看孩子是否掌握了保护自己的技巧。

爸爸妈妈要与孩子积极讨论，如果孩子的回答欠妥，可以适当进行引导。这个活动是为了培养孩子识别危险情境的能力，加强预防侵害的意识。